EL MILAGRO
DE LA
DINÁMICA MENTAL

JOSEPH MURPHY
Miembro de la Universidad de Investigación Andhra (India)

EL MILAGRO
DE LA
DINÁMICA MENTAL

UNA NUEVA FORMA DE TRIUNFAR EN LA VIDA

EDICIONES OBELISCO

Si este libro le ha interesado y desea que lo mantengamos informado de nuestras
publicaciones, escríbanos indicándonos qué temas son de su interés (Astrología,
Autoayuda, Ciencias Ocultas, Artes Marciales, Naturismo, Espiritualidad, Tradición...)
y gustosamente lo complaceremos.
Puede consultar nuestro catálogo en www.edicionesobelisco.com

Colección Éxito
EL MILAGRO DE LA DINÁMICA MENTAL
Joseph Murphy

1ª edición: septiembre de 2008

Tíulo original: *The Miracle of Mind Dynamics*

Traducción: *José M. Pomares*
Maquetación y diseño de cubierta: *Marta Rovira*

© 1964, Prentice-Hall Press.
(Reservados todos los derechos)
Publicado por acuerdo con Prentice-Hall Press,
miembro de Penguin Group Inc. (USA)
© 2008, Ediciones Obelisco, S. L.
(Reservados los derechos para la presente edición)

Edita: Ediciones Obelisco S.L.
Pere IV, 78 (Edif. Pedro IV) 3ª planta 5ª puerta
08005 Barcelona-España
Tel. 93 309 85 25 - Fax 93 309 85 23
Paracas 59   Buenos Aires
C1275AFA   República Argentina
Tel. (541 -14) 305 06 33   Fax (541 -14) 304 78 20
E-mail: info@edicionesobelisco.com

ISBN: 978-84-9777-480-2
Depósito Legal: B-28.362-2008

Printed in Spain

Impreso en España en los talleres gráficos de Romanyá/Valls S.A.
Verdaguer, 1 – 08786 Capellades (Barcelona)

Prefacio

Este libro es el resultado de más de 40 años de novedosos avances en el campo de las leyes mentales y espirituales. Lo he escrito para poner a disposición del público esas leyes y su comprensión. He incluido detalles e ilustraciones específicas sobre técnicas y métodos a emplear, con la intención de facilitar la posibilidad de empezar a obtener resultados de la aplicación de estos principios mentales y espirituales.

He enseñado el contenido de este libro a personas de casi todos los países del mundo, en programas de radio y entrevistas en televisión, en charlas públicas y conferencias en América, Europa, Sudáfrica, India, Australia, Israel, etc. En conversaciones sociales, sesiones de asesoramiento personal, por correo y por teléfono, miles de personas con las que he hablado me han contado los milagrosos resultados alcanzados en sus vidas, gracias a la aplicación de estas antiquísimas verdades, claramente presentadas en cada capítulo del libro.

Esas personas han descubierto:

- La curación de enfermedades consideradas como incurables.
- Liberación completa del sentido de culpabilidad.
- Prosperidad y éxito en los negocios, allí donde antes se sentían bloqueos y obstáculos infranqueables.
- Cómo sentirse y mantenerse bien de forma continua allí donde antes se habían experimentado recaídas.
- Cómo aprovechar la fuente de la buena fortuna, allí donde antes no se alcanzaba a cubrir los objetivos.
- Conseguir la paz mental donde había discordia y confusión.
- Realización de los deseos allí donde había habido frustración.
- Felicidad matrimonial donde antes había odio y resentimiento y amenazaba el divorcio.
- Armonía en los hogares y en las oficinas donde ha habido discordia y peleas.

Las personas que han utilizado las leyes mentales y espirituales perfiladas en este libro y que se han beneficiado de ellas, pertenecen, por lo que yo sé, a todas las confesiones religiosas; algunas eran supuestas agnósticas y otras de las llamadas ateas. Además, procedían de todos los ámbitos de la sociedad y de todo el abanico de categorías de ingresos económicos. Hay estrellas de la pantalla, escritores, médicos, dentistas, farmacéuticos, directores de empresas, profesores universitarios, científicos de misiles, ingenieros, taxistas, amas de casa, estenotipistas, jardineros, limpiadoras y chóferes.

Esas personas descubrieron que tenían su destino en sus propias manos porque, como aprenderá en este libro, es imposible pensar una cosa y producir otra y, al corregir el pensamiento, el resultado, desde el punto de vista de la ley universal de la armonía, es una vida productiva y feliz. Aquí aprenderá que la clave de la vida está en todo aquello que piense, pues el hombre y la mujer son aquello que sienten en su corazón.

Esas personas han descubierto cómo aplicar las leyes de la vida, eliminando de sus oraciones toda clase de conjeturas. Han aprendido, de una forma científica, a introducir salud, riqueza, amor y belleza en sus vidas, a sincronizar sus mentes conscientes e inconscientes.

Tiene usted el poder para conseguir que su vida sea sana, gozosa, útil y extraordinariamente fructífera si lee y aplica las leyes de la vida presentadas en este libro.

El libro se ha escrito con sencillez y la mayor claridad posible. Su contenido le demuestra cómo alcanzar el poder personal que supera el temor y que desvanece la preocupación y la ansiedad, abriendo así el camino que conduce a una vida más grandiosa, exquisita, feliz y rica. A partir de esta página, nos aventuraremos juntos hacia el mayor de todos los premios: alcanzar el triunfo en la vida.

1. Cómo estar y mantenerse bien continuamente

«Estoy convencido de que pueden tener vida y de que ésta puede ser más abundante.»

Triunfar en la vida

Puede usted estar y mantenerse bien y, de ese modo, dirigir y controlar su vida, viviéndola con una maravillosa y victoriosa sensación de salud y vitalidad.

Los hombres y las mujeres se van dando cuenta gradualmente de que su estado físico viene determinado en buena medida por sus emociones. La vida emocional se halla regulada por su forma de pensar mientras están despiertos.

El año pasado, durante una visita a las Bermudas, me encontré en el vestíbulo del hotel con un hombre que me dijo que tenía más de 90 años de edad. Me pareció indomable, lleno de energía vital, de ánimo y entusiasmo. Su rostro resplandecía de alegría y risas. Le pregunté cómo podía sentirse tan vital, alerta y lleno de energía contando con más de 90 años de edad.

Me contestó: «Es muy sencillo. Simplemente, me niego a preocuparme o a ponerme demasiado tenso. Estoy lleno de buena voluntad hacia todos los seres, no tengo agravios contra nadie, me he perdonado a mí mismo y a los demás, vivo en Dios y Dios vive en mí. Al levantarme cada mañana, durante quince minutos, afirmo que Dios vierte su energía, poder, fortaleza, alegría, amor y belleza en cada una de las células de mi cuerpo, rejuveneciendo y restaurando todo mi ser. Me entrego a Él y el poder del todopoderoso fluye por mis venas y por mi alma.»

Este hombre nunca había estado enfermo en su vida. No seguía ninguna dieta especial y comía de todo lo que le servían en el hotel. Dijo que cuando un hombre ingiere sus alimentos con alegría y dándole gracias a Dios, la inteligencia creativa que hay en él transmuta el alimento en energía vital y belleza de la piel.

Las palabras de este hombre me recordaron un pasaje de las Sagradas escrituras: «Mas los que esperan a Jehová tendrán nuevas fuerzas; levantarán las alas como águilas, correrán, y no se cansarán, caminarán, y no se fatigarán» (Isaías, 40, 31). La palabra «esperan» significa serenar las ruedecillas de la mente, relajarse, dejarse llevar y sintonizar con Dios. Sincronícese con el río de paz, vida y amor de Dios y muévase con el ritmo de lo divino.

En sintonía con lo infinito

Una forma sencilla de sintonizar con Dios es la de meditar lenta, serena y amorosamente acerca de los Salmos 23, 27 y 91, absorbiendo las verdades que contienen. Entonces estará en armonía con la fuerza creativa del Universo.

Si quiere estar y mantenerse bien, le sugiero que se interese fundamentalmente por las grandes verdades eternas de Dios, que nos han sido legadas desde tiempo inmemorial.

Procure despertar un ávido interés por la vida, Dios y la naturaleza; dedíquese a algún proyecto que merezca la pena, que sea beneficioso y una bendición para la humanidad. Entréguese mental y emocionalmente al proyecto, trabaje en él, sepa que está bien y se sentirá lleno de energía vital y de entusiasmo.

Cómo una mujer triunfó sobre el aburrimiento

Conocí a una mujer que tenía unos 50 años de edad. Se sentía aburrida, hastiada, cansada y mantenía una actitud cínica. No sentía otro gran interés que ella misma. Hablaba constantemente de sus achaques, dolores y conflictos. Le dije que se tomara unas vacaciones de sí misma. Se estaba agotando, tenía los nervios de punta y como consecuencia de ello, padecía de insomnio. Su personalidad se estaba desintegrando, se deterioraba mentalmente y se estaba suicidando con el alcohol.

Haciendo caso de mi sugerencia, se dedicó al estudio de las flores y también exploró su talento latente por la música. Tomó lecciones de piano de un profesor que la animó. Se enfrascó por completo en la contemplación de la belleza de las flores y reorganizó su jardín. Gracias a sus nuevos intereses, la han invitado a hablar sobre arreglos florales y ahora ofrece entretenimiento musical a los invitados de su marido. Obtiene una gran alegría y entusiasmo por el hecho de liberar su esplendor, aprisionado hasta entonces. Aprendió que, cuando la mente está perturbada, una maravillosa técnica de curación consiste en interesarse, en absorberse y enfrascarse por completo en la naturaleza, donde prevalecen la belleza, el orden, la simetría, el ritmo y la proporción.

Cuando la mente se proyecta hacia el orden y la belleza de la naturaleza, se transforma y se renueva a sí misma, lo que conduce a la curación.

En muchos hospitales de Inglaterra y de otros lugares es habitual, por ejemplo, que a los pacientes mentalmente perturbados se les proporcionen los medios para hacer juguetes, bolsos, sillas, para que cuiden los jardines y planten flores. Gracias a esta participación en diversas actividades manuales, las mentes de estos pacientes se transforman y recuperan un estado de saludable normalidad.

El secreto de ponerse bien

Hace unos meses, durante una estancia en San Francisco, visité a un amigo en un hospital. Tenía una infección renal y daños en el corazón. Me dijo: «No estaré aquí mucho tiempo. Me imagino constantemente de regreso a mi oficina, al despacho y también a mi hogar, con mis seres queridos. Estoy haciendo mentalmente todo lo que haría si estuviera completo y me encontrara perfectamente. Tengo el derecho divino a estar sano y siempre me imagino estando bien. Experimento el intenso deseo de sentirme y mantenerme bien, y me sentiré bien.»

Este amigo sólo estuvo diez días en el hospital, a pesar de que en un principio le dijeron que tendría que estar allí unas seis semanas. El médico le dio el alta, diciéndole: «Tenía usted el intenso deseo de sentirse bien, y la naturaleza le ha respondido». El intenso deseo de sentirse bien, con todo su corazón y su alma, será suficiente para que así sea y también para mantenerse así.

Encontrar el amor que lo gobierna todo

Ese mismo médico me dijo que un paciente de la sala contigua ya debería haberse puesto bien, pero había perdido las ganas de «luchar». Por lo visto, no le quedaban ganas de vivir. Después de eso, volvió a beber, fracasó en los negocios y perdió todo su dinero. El médico dijo que ahora había aceptado su enfermedad como el final y que únicamente deseaba morir.

Hablé con el hombre y supe así que su esposa había muerto, matrimonio del que tenía un hijo de diez años. Amaba mucho al chico. Le indiqué que le debía a su hijo una educación maravillosa, compañía y amor y que, si realmente lo amaba, debía vivir para él. Le dije que todo niño quiere un padre, con cuyas cualidades y características tiende a identificarse. Jugué con la realidad del amor que sentía por su hijo y con el deber contraído con él. Observé cómo brotaba en él un nuevo impulso de vida, junto con el deseo de vivir. Posteriores informes demostraron que se repuso con rapidez, gracias a que deseaba sinceramente hacer las cosas por las que ahora se sentía fundamentalmente interesado: crear un nuevo hogar para sí mismo y para su hijo y liberar sus talentos ocultos para el beneficio de la humanidad.

Se preguntó por qué no se había curado

Recientemente, hablé con un hombre que tenía úlceras en el estómago y que me dijo: «Nunca pensé en tener úlceras, ¿cómo es que ahora he enfermado de eso?».

Es cierto que no pensó en úlceras, pero durante un prolongado período de tiempo abrigó pensamientos ulcerosos, como preocupación, resentimiento, odio y hostilidad. La

Biblia dice: «Un hombre es lo que piensa en su corazón». La mente subconsciente controla todas las funciones del cuerpo y está activa durante las 24 horas del día. Nunca descansa; gobierna todas las funciones vitales del cuerpo, y los pensamientos, sentimientos y creencias enterrados en el subconsciente representan el «pensamiento subconsciente» o lo que «se piensa en el corazón».

Este hombre era afable, amable, simpático y aparentemente bonachón desde un punto de vista externo o superficial, pero en su interior, en las capas más profundas de su mente, era como un caldero hirviente, lleno de hostilidad y de rabia reprimida. Ese estado de hostilidad reprimida le provocó las úlceras, que aparecieron acompañadas por un dolor atroz.

Y, sin embargo, ese mismo hombre utilizaba con frecuencia afirmaciones como: «Soy una perfecta criatura de Dios. Soy uno con Dios y, por tanto, soy perfecto», etc. Se preguntaba por qué no se curaba. Le expliqué que el mantener el pensamiento negativo y destructivo durante un prolongado período de tiempo era lo que le había producido su enfermedad. Aunque es cierto que el Espíritu en él es completo, perfecto y libre, y que todos sus órganos son ideas de Dios, que son perfectas en la mente de Dios, el hombre no podía curarse mientras estuviera lleno de resentimiento y hostilidad. También estaba convencido de que su enfermedad era independiente de su mente, de que las úlceras eran la consecuencia de una mala dieta y de que probablemente serían fatales para él. Con una actitud mental como la suya, sus afirmaciones no tendrían ningún valor y no le serviría de nada limitarse a decir: «Soy una perfecta criatura de Dios».

En cuanto se cede el poder a los gérmenes, a las causas externas o se piensa que el cáncer tiene una inteligencia y un poder propios para destruirle, serán totalmente infructuosas sus afirmaciones de perfección divina, de integridad completa y de vitalidad.

De nada sirve decir: «Dios me está curando ahora» si en lo más profundo de su ser está convencido de que el cáncer puede matarle. Tiene que desprenderse de su temor a todos los estados manifestados. Las úlceras, el cáncer, la artritis, etc., son estados exteriorizados, manifestados, resultado del pensamiento consciente o inconsciente. Esas enfermedades no tienen inteligencia o poder para causarle ningún daño o para destruirle. No son más que productos de su propio pensamiento destructivo. Para pensar de esta forma sólo tiene que desprenderse de su temor y de ello se derivará el depositar la confianza y la fe en el poder curativo de Dios. Al cambiar de mentalidad, cambia también su cuerpo, porque el cuerpo es la mente condensada.

El cáncer desapareció rápidamente

Hace poco, recibí una carta de un miembro de nuestra organización en la que decía:

Mi caso se diagnosticó como cáncer de piel. Me dije a mí mismo: «No le tengo miedo al cáncer; sé que no tiene poder. Me doy cuenta de que es un producto de un pensamiento falso y no tendrá poder alguno para continuar su existencia. Su aparición sobre mi piel constituye su propia culminación. Ahora exalto a Dios en medio de mí y sé que mis pensamientos de totalidad, belleza y perfección tienen que manifestarse allí donde hay algún problema». Mantuve esta actitud y el cáncer desapareció rápidamente. Sólo me aplicaron dos tratamientos en el hospital, a pesar de que se había programado aplicarme una terapia más prolongada.

Este hombre enfocó la situación correctamente. Erradicó por completo de su mente el temor al cáncer y luego afirmó su integridad completa y su perfección. Además, imaginó que su médico le decía: «Está completamente curado». La imagen que mantuvo en su mente fue calando hondo, hasta llegar a su mente subconsciente y todo aquello que queda impreso en ella termina por expresarse.

El triunfo del jugador de fútbol lesionado

Un jugador de fútbol me dijo una vez: «Estuve lesionado durante tres meses y tuve que permanecer tumbado de espaldas en el hospital todo ese tiempo. No hacía más que imaginarme en el estadio, jugando en un partido. Vivía la escena y notaba en mi corazón que mi estancia en el hospital sólo era temporal.»

Experimentó una recuperación notable. La clave de su salud y de su recuperación perfectas fue que, mientras estuvo incapacitado, siempre se imaginó que su mente y su cuerpo funcionaban perfectamente, y que participaban en el mejor partido de su vida. Si se hubiera dicho a sí mismo: «Estoy lesionado, soy incurable, no hay ninguna esperanza», habría seguido lesionado y aún estaría en el hospital. En cuanto le parezca razonable y lógico sentirse bien, ponerse y mantenerse bien, se curará. Quizá tenga que utilizar muletas durante unas pocas semanas, pero en el fondo de su corazón y de su mente sabe que volverá a caminar.

La extraordinaria curación de una víctima de la polio

Hace unos años conocí a un hombre en la Universidad Hebrea de Israel. Me contó que, cuando tenía unos ocho años de edad, sufrió un ataque de poliomielitis y que su padre le dijo que sería un discapacitado durante toda su vida. En otras palabras, su padre y su madre aceptaron la derrota y afirmaron que su estado era incurable y que no había ninguna esperanza.

Un día, sin embargo, un joven médico estadounidense, amigo de su padre, le visitó en su casa y le dijo: «Sonny, puedes volver a caminar. Eres joven y tienes toda la vida por delante.» Luego, el médico se volvió hacia el padre y le dijo: «Deje que el chico se esfuerce por sí solo, avanzando sobre manos y rodillas, para llegar hasta la mesa para comer. Deje que se arrastre hasta la cama a la hora de acostarse.» El médico también le dijo al padre que le consiguiera una bicicleta al chico, lo montara en ella y le obligara a utilizar las piernas, lo mejor que pudiera. El padre compró la bicicleta y cada día, durante varias horas, le ayudó a montar en ella y a realizar el ejercicio, animándole a emplear los hasta entonces inútiles músculos de sus piernas. Al cabo de varios meses, el chico empezó a tener cierta funcionalidad en la pierna derecha, que más tarde se amplió también a la pierna izquierda. Seis meses más tarde, ya era capaz de ir solo en bicicleta. Y aquello, afirmó, le produjo la mayor emoción de su vida.

Este hombre era la viva imagen de la salud física y mental. Sentía un profundo aprecio por el aspecto espiritual de la vida. Me dijo: «El Dios que en aquel entonces me curó las piernas y los brazos, el espíritu que hay en mí, es el que controla mi cuerpo y esa es la única presencia curativa».

Para él, Dios era la vida universal, la mente y el espíritu que animaban todo su ser. En realidad, nuestro cuerpo está siendo recreado a cada segundo que pasa y se convierte por tanto en la solidificación de nuestros propios pensamientos.

El cirujano puede extirpar el bloqueo, como por ejemplo una úlcera, o el crecimiento anormal canceroso causado por los pensamientos negativos, pero no se producirá una curación permanente mientras no cambie de forma de pensar.

Levántese de la cama y camine triunfalmente

Todas las cualidades y poderes de Dios están dentro de cada uno de nosotros. Levantarse de la cama y andar significa aceptar la verdad de Dios, caminar libremente a la luz de Dios y a su mejor gloria. Caminar como la víctima de la polio es una nueva visión, un nuevo lugar que aparece en su mente. El cuerpo seguirá la visión o imagen mental que usted mismo se haga. Podrá usted ir allí donde su visión le lleve. Y esa visión se hará realidad en la pantalla del espacio cuando sea mantenida por la fe y repetida intensamente. Para ello, tiene que vigilar constantemente las pautas que se le presentan a su mente consciente. Si es usted negligente, indolente, perezoso y apático, permitirá que sus pensamientos y que las imágenes que se forma y que cruzan por su mente se queden en ella, contaminándola con las distorsionadas imágenes mórbidas de la mente masiva mundial.

La mente precipitada cree en la limitación, el desastre, la mala fortuna, el accidente, la muerte y la enfermedad como independientes de la mente del hombre. De ahí la necesidad de la oración, de mantener una comunión regular con Dios y de llenar la mente con las verdades eternas de Dios, que no cambian. Por ello, se deben establecer convicciones que actúen en contra de todas las falsas creencias que abriga la mente precipitada.

Es usted una criatura de Dios y, como tal, se halla destinado a ser algún día el hombre feliz, alegre y pacífico que Dios tuvo la intención de que fuese, capaz de entrar, como dice Pablo, en la gloriosa libertad de los hijos de Dios. Todo el poder y la sabiduría de Dios se encuentran en usted, lo que le permite elevarse por encima de todos los problemas y le concede el dominio más completo sobre su propia vida. Su vida es una vida de Dios y su mente es la de Dios. Por eso es usted eterno y vivirá para siempre. Usted, junto con todos los hombres y mujeres, despertará algún día a la gloria trascendente del Dios-sí mismo y se verá a sí mismo como Dios le ve ahora: como el hombre perfecto.

Envuélvase mentalmente con majestuosidad y poder y dése cuenta de su unicidad con Dios. Imagine su salud, felicidad y libertad. Camine a la luz de Dios, sabiendo que él es una lámpara que le ilumina el camino en todo momento. Conviértase en un canal abierto a través del cual Dios realiza estas verdades, para que su corazón pueda cantar: «Hijo, tú siempre estás conmigo, y todas mis cosas son tuyas» (Lucas 15, 31).

Revisión de lo más destacado

1. Puede triunfar en la vida si abre frecuentemente la mente y el corazón al influjo del poder, la alegría, la fortaleza y la sabiduría de Dios.
2. Para estar y mantenerse bien, entréguese mental y emocionalmente a su proyecto, trabaje por él y se sentirá lleno de energía y vitalidad.
3. Puede triunfar sobre el aburrimiento liberando sus potencialidades internas, enfrascándose e interesándose

intensamente por las verdades de Dios, contribuyendo al bien de la sociedad y compartiendo sus talentos, amor y amistad con otros.

4. Cuando sienta un intenso deseo de estar y mantenerse bien, se sentirá bien.

5. Cuando observe que una persona no tiene deseo de vivir, descubra cuál es su principal amor, hágalo entrar en el juego y le infundirá una nueva vida.

6. No hay que pensar en úlceras para enfermar de úlceras; se pueden tener pensamientos ulcerosos, como preocupación, resentimiento, odio y hostilidad.

7. Para curar una enfermedad maligna, tiene que vaciar su mente de todo temor y darse cuenta de que la enfermedad es un producto del pensamiento falso; al cambiar los pensamientos, cambiará el cuerpo.

8. La clave para una recuperación rápida de la enfermedad consiste en comprender que el achaque es temporal; luego, hágase una imagen viva de sí mismo encontrándose de nuevo realizando su trabajo habitual.

9. Aunque paralizada, debe darse cuenta de que la misma inteligencia infinita que hizo su cuerpo puede curarlo; luego, persevere mental y físicamente y el milagro se producirá.

10. Su cuerpo seguirá a su visión mental. Irá allí donde esté su visión.

2. Aproveche la fuente de la buena fortuna

Emerson dijo: «Todos los hombres de éxito han estado de acuerdo en ser causacionistas». Estaban convencidos de que las cosas no se producían por casualidad, sino por ley y de que en la cadena que une la primera y la última de las cosas, la causa y el efecto, no existía ningún eslabón débil o agrietado. Los hombres superficiales creen en la suerte; los hombres sabios y fuertes creen en la causa y el efecto.

La gran ley de la vida

La ley de la vida es la de la convicción. Todo aquello que acepte y sienta mentalmente como cierto, terminará por suceder. Aprenda a creer en el trabajo de su mente subconsciente, sabiendo que todo aquello que imprima en su subconsciente, quedará expresado posteriormente en su experiencia. La forma de pensar y sentir realmente en lo más profundo de su corazón es lo que gobierna todas las fases de su vida.

Crea en la buena fortuna y la tendrá. Creo que la suerte es juguetona. Quien está convencido de que la suerte controla su destino, anda siempre a la espera de que suceda algo. Se acuesta con la esperanza de que el cartero le traiga la noticia de una herencia o de ganar la lotería. El otro, en cambio, hace, moldea y configura su futuro con su actitud mental. Sabe que ha nacido para tener éxito y que está equipado para ser un ganador y pone los fundamentos de lo que será su competencia, ya sea con la pluma o con el martillo. Es laborioso, entusiasta y diligente en el trabajo y se siente contento mientras trabaja. El hombre que piensa en la suerte, suele lloriquear, gimotear y quejarse. La suerte depende de la casualidad. Los hombres de éxito, en cambio, se fían del carácter, pues el carácter es el destino.

Permanezca alerta y vivo

Mark Twain dijo: «La fortuna llama a la puerta de todo hombre, pero en muchos casos resulta que, cuando lo hace, el hombre está en un salón vecino y no oye la llamada». El ser humano tiene que permanecer alerta, vivo y siempre dispuesto a preguntar: «¿Quién va?». Debe aprovechar las oportunidades que le rodean. El hombre no debe esperar el verse recompensado por su indolencia, apatía o pereza.

Causa y efecto son una misma cosa

El aforismo «el hombre es lo que piensa en su corazón» presenta y retrata todas las experiencias y condiciones de su vida. El hombre es aquello que piensa durante todo el día y su carácter es la totalidad de su pensamiento. Causa y efecto son tan absolutas y directas en el ámbito oculto del pensamiento como en el mundo de lo visible y de las cosas materiales. La alegría y el sufrimiento del hombre son los reflejos de su pensamiento habitual. Así es como el hombre genera las experiencias dulces y amargas de su vida.

Para experimentar buena suerte o buena fortuna, debe tomar conciencia de que es usted mismo el dueño de sus pensamientos, emociones y reacciones ante la vida. Es usted el hacedor y el configurador de sus estados de ánimo, experiencias y de todo lo que le suceda. Cada pensamiento sentido como verdad, o que le permita a su mente consciente aceptarlo como tal, hunde sus raíces en la mente subconsciente y florece tarde o temprano, convertido en acto, llevando su propio fruto de oportunidad y experiencia. Los buenos pensamientos producen buenos frutos, mientras que los malos pensamientos dan frutos malos.

No es ningún destino cruel el que envía a un hombre a la cárcel o a la casa de acogida para pobres, sino el camino de pensamiento vicioso, destructivo o criminal que ha estado fomentando en secreto en su corazón. Cuando tales pensamientos alcanzan un punto de saturación en su mente subconsciente, se precipitan hacia las experiencias externas, configurados a imagen y semejanza de su pensamiento negativo.

Dijo que la mala suerte le perseguía

Conozco a un joven brillante, graduado en una de las universidades más destacadas, quien me dijo que se sentía perseguido por una racha de «mala suerte». Había perdido sucesivamente cuatro puestos de trabajo. Al hablar con él, descubrí que una de las razones por las que no conservaba sus empleos era porque no se llevaba bien con otros empleados. Eludía el trabajo y se consideraba con derecho a engañar a su patrono, diciéndose que no se reconocían todos sus talentos. En realidad, este joven se separaba a sí mismo de cada empresa en la que entraba a trabajar, debido a su actitud crítica y resentida, a considerar a cada patrono como alguien frío, correoso e indiferente, y al referirse a cada empresa como una «corporación sin alma».

Este hombre aprendió a despedir amor, buena voluntad y alegría hacia sus colaboradores y superiores. Empezó a cooperar con sus compañeros, a pensar, sentir y actuar correctamente. Ahora, su mundo está cambiando y se da cuenta de que él mismo es el artífice de su propia fortuna.

El por qué del llamado «buen sufridor»

Hace algún tiempo recibí una carta de una mujer que me preguntaba: «¿Por qué algunas personas buenas y honestas sufren tanto, mientras que algunas malvadas prosperan como el laurel?». No sé qué quería decir exactamente con eso de «buenas»; quizá quería dar a entender, desde un punto de vista superficial, que esas personas iban a la Iglesia, eran honradas en sus transacciones de negocios, amables con los vecinos, hacían obras de caridad, eran buenas con sus cónyuges y familias y practicaban los ritos y rituales de sus Iglesias. Quizá al hablar de «malvadas» se refería a las personas irreligiosas, que no pertenecían a ninguna confesión, que engañaban y robaban, se emborrachaban y negaban a Dios o a cualquier poder superior. De ser así, el pensamiento de esta mujer debía de ser muy superficial.

La llamada persona malvada puede creer en el éxito, la prosperidad y la buena salud y las cosas le van en la vida según lo que cree. La Ley no respeta a unas personas más que a otras. El Sol brilla para el justo y para el injusto y la Ley no conoce moral. Si un asesino sabe nadar, el agua lo sostendrá tan a flote como a un hombre santo. Un tarambana respira igual de bien que una persona espiritualmente iluminada. El llamado hombre bueno y honesto puede abrigar en secreto pensamientos detestables, depravados y odio-

26

sos y con ellos atraerá sobre sí mismo lo que produzcan esos pensamientos secretos y destructivos. No se ven los temores, irritaciones, agravios, odios y celos de los demás sino que, cuando se mira desde el exterior, se les suele juzgar por las apariencias externas.

Lo que importa no es lo que muestra externamente un hombre ni las recompensas que recibe de los demás. Lo que cuenta es el movimiento interior de su corazón. Es lo que piensa, siente y cree en el fondo de su corazón lo que verdaderamente importa y no lo que afirme creer. Así, una persona puede observar todos los dogmas, reglas y normas de su Iglesia, asistir a las ceremonias y rituales, dar golosinas a los niños y monedas a los ciegos y hasta visitar a los enfermos, todo lo cual podría considerarse como «bueno» desde un punto de vista externo, pero no desde el punto de vista de Dios y de su ley, que dice: «Un hombre es lo que piensa en su corazón».

El trabajo duro no es la respuesta a la riqueza y al éxito

Un hombre puede trabajar muy duro durante 14 o 16 horas al día, pero si teme fracasar o tiene complejo de culpabilidad y tiene la sensación de que debe ser castigado, le sucederá aquello en lo que cree. La ley de la vida es la ley de la convicción. Una persona puede ser completamente deshonesta en ciertos aspectos desde un punto de vista mundano y negar incluso la presencia de Dios; pero no hay ley alguna que diga que no pueda conseguir riqueza, siempre y cuando crea que puede tener éxito y que será rico. Según sus convicciones, así le sucederá. La persona deshonesta o malvada recoge sus propios sufrimientos y los resultados de sus propios pensamientos, del mismo modo que la persona honesta y considerada como buena. La gran Ley es absolutamente justa y no puede entregar bien por mal o mal por bien. Todo mal se destruye en último término a sí mismo.

No se preocupe por los que hacen el mal

«Los molinos de los dioses muelen con lentitud, pero muelen muy fino.» «Mía es la venganza, dijo el Señor. Yo pagaré.» Recuerde que su mente subconsciente, que en la Biblia se llama la «Ley», es como una grabación que reproduce lo que se haya grabado en ella. Por eso se le dice que no se preocupe por los que hacen el mal o por los que cometen iniquidad; su propia mente subconsciente reacciona negativa o positivamente, según el uso que se haga de ella. La cuestión es la siguiente: utilice su propia mente de un modo constructivo y armonioso y no se preocupe por los demás, excepto para desearles el bien.

Eleve sus aspiraciones

Tenga sueños elevados, adquiera ideales y tome conciencia y sepa que irá allí donde esté su visión. Cuide esa visión de lo que desea ser, y deje de gimotear, de quejarse y gruñir por la mala o la buena suerte. Alimente ese ideal suyo, sienta la música que se agita en su corazón y contemple la indescriptible belleza de Dios y la naturaleza y el amor que envuelve sus más puros pensamientos, pues a partir de acudir con frecuencia a esos lugares de su mente, se desarrollarán deliciosos estados y experiencias. Su visión es una promesa definitiva de lo que será algún día; su ideal es la profecía de lo que finalmente desvelará.

El roble duerme en la bellota, la secuoya gigante duerme en su diminuta semilla, el ave espera en el huevo y Dios espera a desplegarse en el hombre. Siempre gravitará usted hacia aquello que más ame en secreto. Se encontrará en la vida con la reproducción exacta de sus propios pensamientos. No hay casualidad, coincidencia o accidente en un mundo gobernado por la ley y el orden divinos. Llegará tan alto como lo sea su aspiración dominante y descenderá al nivel del concepto más bajo que tenga de sí mismo.

Usted moldea su propio destino

La persona que no logra pensar constructiva, armoniosa y pacíficamente, que es indolente y perezosa, que sólo ve la superficie de las cosas, hablará de suerte, fortuna y casualidad. Por eso se oye decir a algunas personas: «¡Qué suerte tiene ese! ¡Qué afortunado es!»

Quizá observe a una hermosa y habilidosa patinadora que ha llegado a lo más alto y comente: «Oh, ha tenido mucha suerte». Debería pensar, sin embargo, en todas sus primeras pruebas, fracasos, caídas, lesiones y en todos los sacrificios que ha tenido que hacer, o en las prolongadas y arduas horas de práctica y entrenamiento que empleó para ver realizado su objetivo y así entusiasmar el corazón de espectadores como usted. Hay muchas personas que no entienden el proceso, sino que sólo perciben los resultados, que luego achacan a la «casualidad».

Cómo crear buena suerte para sí mismo

Veamos un ejemplo de lo que se suele calificar como «buena suerte». Una mujer joven acudió a verme para consultarme acerca de un problema. Durante la conversación dijo que buscaba un puesto de trabajo como secretaria de alguien que creyera en la ciencia de la mente. Ese mismo día la contraté como mi secretaria. Ella exclamó: «¡Hoy es mi día de suerte!» Pero, en realidad, esa fue la actuación de la Ley. Ella había rezado lo siguiente: «La Inteligencia infinita conoce mis talentos y revela el lugar ideal para mí, donde pueda expresar mis habilidades y recibir una maravillosa remuneración». Su mente más profunda, llena de sabiduría e inteligencia, actuó de acuerdo con su petición y nos unió a los dos en el orden divino. Cada reunión y encuentro con cualquier persona, en cualquier parte del mundo, puede estar lleno de posibilidades y de bien. La oración favorita de esta mujer es: «Para aquellos que aman a Dios, todas las cosas se conjuntan para el bien». Ella cree que la presencia espiritual que hay dentro de sí misma siempre se ocupará de cuidarla y la dirigirá por el camino de la felicidad, la libertad y la paz mental.

Un gafe lo seguía

Conocí a un hombre muy religioso desde un punto de vista externo; era el sostén de su Iglesia y observaba todos los ritos, rituales y ceremonias. Estaba convencido, sin embargo, de que un gafe lo seguía y experimentaba las torturas del condenado. Sufría accidentes y le robaban el coche. Se le incendió la tienda. Su esposa lo abandonó y se casó con otro. Su hijo se marchó de casa y le negó la palabra.

Le expliqué que el hecho de creer que un gafe lo seguía era la causa de todas las desgracias que le ocurrían en la vida y que debía empezar a creer en la armonía de Dios, en la bondad de la vida, en la guía de Dios y en el amor que le tenía Dios. Le dije que había sido creado para ganar y conquistar y que a partir de ahora debería empezar a creer en la acción correcta, en el éxito y en que la sabiduría de Dios gobernaba todas sus acciones.

En cuanto cambió su actitud mental, el mundo cambió para él. Mientras que antes se quejaba de su mala fortuna, ahora se sentía impulsado a expresar buena fortuna. Aprendió de la forma más dura que las órdenes que enviamos a nuestra mente subconsciente son obedecidas. Si le dice a su mente subconsciente que un gafe lo está siguiendo, empezará a experimentar dificultades, retrasos, a encontrar obstáculos y en su vida aparecerán toda clase de problemas.

La adversidad es la semilla de la oportunidad

Cualquier situación puede transformarse para bien y ser aprovechaba, sin que importe lo mala que haya sido en un principio. Puede encontrar una oportunidad en cada problema, de modo que la vida se eleve más y más. «En cada adversidad se encuentra la semilla de la oportunidad». El ya fallecido doctor Harry Gaze habló de Dan Morgan, un espléndido locutor que un domingo por la noche acudió a una pequeña ciudad de Nueva Inglaterra, con el propósito de recoger fondos en una Iglesia para un proyecto especial. Estalló entonces una terrible tormenta y la nieve y la ventisca fueron tan fuertes que nadie salió a la calle. El orador decidió desafiar a la tormenta, aunque dudaba mucho de que alguien acudiera a la Iglesia. Al principio, no acudió nadie, excepto el portero. Finalmente, llegaron dos señoras de edad avanzada y se sentaron. Dan Morgan dijo: «He venido para hablar y eso es lo que voy a hacer». El doctor Gaze dijo que el señor Morgan pronunció una espléndida conferencia y que una de las señoras entregó un donativo de 15.000 dólares, de modo que la otra mujer dijo: «Es por una buena causa, así que si usted da 15.000 dólares, yo también puedo hacer lo mismo». El señor Morgan aseguró que recibió más dinero de aquella congregación que en ninguna otra reunión que hubiese celebrado en cualquier época y con cualquier número de asistentes durante toda su gira de conferencias.

Una sorpresa maravillosa espera en todas partes

Si piensa, reza y actúa de una forma espiritual cuando se encuentra en una situación difícil, la transformará para bien. Una joven del público me dijo estar convencida de que siempre se veía agradable y maravillosamente sorprendida allí donde fuese. En todos sus viajes ha tenido experiencias maravillosas y singulares. Gracias a la repetición, le ha vendido esa idea a su mente subconsciente y ésta le responde en consecuencia. Así, ha condicionado a su subconsciente para la buena fortuna.

Había 15 muchachos haciendo cola para conseguir un único puesto de trabajo. El último de la cola le escribió una nota al director en la que le decía: «Señor, le ruego que no contrate a nadie hasta que no me haya entrevistado a mí». Fue él quien consiguió el puesto. El muchacho utilizó su mente y confió en algo que tenía dentro de sí mismo para ayudarle a decir y hacer lo más correcto. Eso no fue ninguna casualidad o golpe de buena suerte, sino la reacción de su mente subconsciente ante su propia convicción.

Salvó una vida y nadie se lo agradeció

Un hombre se me quejó diciéndome que una persona a la que salvó de morir ahogada ni siquiera le dio las gracias o le ofreció una recompensa, a pesar de que había arriesgado su vida por salvarla. Le expliqué que él había hecho lo correcto y que la vida le recompensaría, pero que no debía buscar a una persona en concreto para que le recompensara o le agradeciera su acción. El bien no siempre se nos devuelve desde la misma fuente en la que se empleó el esfuerzo o el dinero.

Cómo recibir su bien ahora

Un proverbio árabe dice: «Arroja a un hombre con suerte al Nilo y saldrá a la superficie con un pez en la boca». A través de la fe en Dios y en todas las cosas buenas, se obtiene un beneficio de cualquier situación, al tiempo que se crece en sabiduría y fortaleza. Se puede recibir el bien haciendo una introspección y afirmando en la conciencia aquello que se desea. Siéntalo y anímese con ello y el Espíritu que hay dentro de usted hará que se produzca lo que espera. Al saber que siempre puede acudir al Espíritu que hay dentro de usted para pedirle lo que desea y con el convencimiento de que lo recibirá, su mente queda libre de cólera, odio, mala voluntad y resentimiento.

Emerson dijo: «El Alma superior tiene necesidad de un órgano en el que me encuentro, ya que de otro modo yo no estaría aquí». Es usted un órgano de Dios y Dios le necesita y desea expresar su poder y su sabiduría a través de usted. Piense ahora en sí mismo en términos de su unicidad con Dios y en cómo cada problema se supera divinamente, y siempre saldrá victorioso y triunfante de todas las situaciones.

33

Deje que Dios hable a través de usted

Permanezca alerta y vivo y siéntase animado por el Espíritu Santo que está dentro de usted. Dése cuenta de que Dios pondrá las palabras en su boca y que éstas serán las más adecuadas para la ocasión. Sucedió una vez que mi padre se encontraba en un puente, mirando un río, cuando se le acercó un hombre y le dijo: «Dios me dijo que lo arrojara por el puente al río que pasa por debajo». Mi padre se dio cuenta de que se trataba de un maniaco y le dijo con serenidad: «Dios lo puede hacer todo, pero ¿no sería más interesante bajar a la orilla del río para arrojarme hasta aquí arriba desde allí?» El maniaco se mostró de acuerdo y cuando ambos bajaron a la orilla, fue mi padre el que arrojó al hombre al río y luego escapó. Unos hombres que pasaban en una barca rescataron al maniaco y lo entregaron a la policía. Eso demostró presencia de ánimo por parte de mi padre, quien se dio cuenta de que siempre hay una respuesta, una forma de salir de cada situación, en todas las emergencias y dificultades.

«Uno, con Dios, constituye una mayoría.» «Si Dios está contigo, ¿quién puede estar contra ti?» Crea en esto de todo corazón y todas las cosas se conjuntarán para su bien y todas sus experiencias estarán llenas de alegría y buena fortuna.

Revisión de los puntos más importantes

1. La ley de la vida es la ley de la convicción. Creer en algo es aceptarlo como cierto y todo aquello que se acepta mentalmente y se siente como cierto, terminará por pasar.
2. Las oportunidades abundan a su alrededor. Aprenda a aprovecharlas. Permanezca alerta y animado.

3. La alegría y el sufrimiento del ser humano son reflejos de sus pensamientos habituales.

4. El secreto de la buena suerte y la buena fortuna es pensar y sentir el bien, estar, hacer y realizar el bien.

5. Lo que importa no es lo que diga que cree, sino lo que realmente crea en el fondo de su corazón.

6. No se preocupe por los que hacen el mal; su propia mente subconsciente reacciona negativa o positivamente, según el uso que hagan de ella.

7. Su visión es una promesa definitiva de lo que será algún día; su ideal es la profecía de lo que finalmente desvelará.

8. Hay muchas personas que no entienden el proceso, sino que sólo perciben los resultados, que consideran como una «casualidad».

9. Debe darse cuenta de que cualquier reunión y encuentro con cualquier persona de cualquier parte del mundo puede estar lleno de posibilidades y de bien.

10. Transmita las órdenes adecuadas a su mente subconsciente. Si afirma que le está siguiendo un gafe, hará caso de sus órdenes y producirá toda clase de problemas en su vida.

11. En la adversidad está la semilla de la oportunidad.

12. La repetición constante de la idea de la buena fortuna será aceptada por su mente subconsciente y, entonces, la buena fortuna será suya.

13. La buena suerte es la reacción de su mente subconsciente a su creencia en la buena fortuna.

14. No busque recompensa en una persona en concreto. La vida le recompensará con largueza.

15. Cada problema se supera divinamente; por eso puede triunfar en la vida.

16. Si Dios está con usted, ¿quién puede estar en contra? Crea en ello y todas las cosas se conjuntarán para su propio bien.

3. ¿Cuál es el gran engaño?

Según el diccionario, el engaño es hacer creer algo que no es verdad; es aquello que engaña o que se hace con la intención de engañar. Nuestros ojos nos engañan con frecuencia, como veremos más adelante. Vemos el Sol, la Luna y las estrellas y nos vemos los unos a los otros por medio de nuestros ojos, que funcionan de una manera parecida a una cámara. Los psicólogos nos dicen que cuando, por ejemplo, miramos un árbol, su imagen invertida se refleja en la retina de nuestros ojos, que transmiten a su vez la imagen a los centros del cerebro. A estas reacciones se les llaman «impresiones visuales». El fisiólogo nos dice que vemos con el cerebro. Usted sabe que ve con la mente. La visión es espiritual, eterna e indestructible. Ve en sus sueños y ve los colores con los ojos cerrados. Todos poseemos la facultad de la clarividencia, aunque algunos la tengan más desarrollada que otros, incluso hasta el punto de leer con los ojos vendados.

Frecuentemente, es engañado por lo que mira. Un palo recto, introducido en el agua, por ejemplo, parece quebrado. Al situarse en medio de un tramo recto de vía, las dos líneas paralelas de los raíles parecen juntarse en la distancia; las figuras blancas parecen más grandes que las negras. Los ojos malinterpretan a menudo el verdadero estado de la existencia porque sólo se ocupan del aspecto superficial del hecho. La gente dice: «El Sol sale y se pone», cuando en realidad no es así. No vemos nada tal como es en realidad porque nuestros ojos están preparados para ver según nuestras convicciones. Si estuvieran dispuestos para ver de cualquier otro modo, veríamos las cosas de forma diferente. Un avión parece moverse en línea recta, cuando en realidad sigue un arco geométrico. La hoja de la cuchilla con la que se afeita un hombre parece muy afilada y recta, pero mirada al microscopio nos ofrece una línea ondulada. Una pieza de acero parece sólida, pero los científicos señalan que los rayos X la revelan porosa y que, en realidad, está hecha de billones de universos animados en miniatura, cada uno de los cuales tiene un movimiento extraordinariamente rápido, a pesar de lo cual no establecen contacto físico unos con otros. Al examinar una fotografía de su madre con una lente de aumento, su rostro parecería como una sucesión de puntos grises, negros y blancos, dependiendo de que el papel en el que esté impresa sea gris, negro o blanco. Entonces, el retrato de su madre desaparece. Sólo existió porque sus ojos estaban preparados para captarlo a un nivel tridimensional. Lo vio en la escala de la observación a la que está acostumbrado a mirar. Al examinar la cuchilla de afeitar con los ojos de la ciencia, vemos electrones en movimiento perpetuo, que viajan a una velocidad de varios miles de kilómetros por segundo.

¿Son ciertos los informes que le envían sus cinco sentidos?

He señalado todas estas cosas para que se diera cuenta de que las cosas no son lo que parecen. ¿Se ha cuestionado la validez y verdad de las diversas ideas y sugerencias que se le han planteado durante el día? Sus cinco sentidos le envían informes desde el mundo exterior que no siempre son ciertos y que a menudo resultan nocivos y destructivos. Pensamientos que emocionaliza y acepta como ciertos penetran en su mente subconsciente y producen efectos sobre su cuerpo y sus asuntos, de acuerdo con su naturaleza.

Se estaba quedando ciego

Un hombre joven fue engañado de la forma siguiente: se estaba quedando gradualmente ciego y el médico le dijo que dejara su negocio de sastrería, que era su vocación, porque le obligaba a forzar los ojos y que buscara un trabajo menos penoso. Los oftalmólogos no encontraron nada radicalmente erróneo en el fundus de sus ojos (la parte opuesta de las pupilas) y creyeron que la dificultad podía ser emocional. El joven le echaba la culpa a su trabajo y a la tensión resultante de coser durante todo el día. La verdadera causa de sus problemas oculares, sin embargo, era que quería excluir a su esposa de su mundo. Dijo que ella le «incordiaba» y que detestaba regresar al hogar. Entre las expresiones más frecuentes que dijo ante mí escuché: «Detesto verla», «No soporto mirarla», «No veo la forma de salir de esta situación, porque tengo dos hijos que la necesitan», «Ella no me quiere conceder el divorcio y yo quiero a los niños». Su mente subconsciente aceptaba como peticiones estos sentimientos y afirmaciones y procedía a responder dificultándole la visión, de modo que, finalmente, no pudiera verla.

Reuní al hombre y a la mujer y les expliqué el funcionamiento de la mente. Ella cooperó, dejando de incordiar a su marido y ambos empezaron a rezar juntos y a ver a Dios en el otro. También empezaron a hablarse de una forma amable y cariñosa el uno al otro. Rezaban cada noche y cada mañana, alternando varios Salmos elegidos (los Salmos 23, 27, 46, 91 y 100) con meditaciones de «Momentos tranquilos con Dios», un libro mío que contiene 60 oraciones especiales. El hombre recuperó la visión normal en apenas un mes. No cabe la menor duda de que este hombre se engañaba al echarle la culpa de lo que le sucedía al ambiente y al trabajo, cuando la verdadera causa estaba en sus emociones destructivas y negativas.

Le echó la culpa a la herencia y a la dieta

Hace unos meses mantuve una conversación con un hombre que había empezado a tomar sedantes, realizar curas de descanso y seguir una dieta especial para la colitis, que venía sufriendo desde hacía varios años. Se estaba engañando a sí mismo al echarle la culpa de lo que le sucedía a la herencia y a la dieta. «La colitis es una enfermedad endémica en mi familia; mi madre y mi abuela la padecieron y estoy seguro de que los alimentos que ingiero tienen algo que ver con mi problema.» Le indiqué que el ya fallecido doctor Flanders Dunbar, toda una autoridad en medicina psicosomática, dijo que el estudio de una serie de casos de colitis realizado en un hospital de Nueva York demostró que los hombres afectados estaban vinculados con sus madres y nunca habían permanecido alejados de ellas durante más de 30 días seguidos en toda su vida. Ninguno de esos hombres estaba casado y el inicio de la colitis se asociaba con el conflicto entre el vínculo con la madre y el deseo de contraer matrimonio.

Este hombre tenía un conflicto similar, además de un resentimiento profundamente asentado contra su madre, que parecía criticar y encontrar defectos en todas las mujeres que él llevaba a casa como posibles novias. Descubrí que estaba profundamente enamorado de una mujer joven, espiritualmente consciente, pero que vacilaba en casarse con ella por no ofender o molestar a su madre.

La solución que adoptó fue sencilla: tomó la decisión de casarse y compró una casa para su esposa. Rompió el cordón umbilical de una vez por todas. Irradió amor y buena voluntad hacia su madre y le deseó todas las bendiciones del cielo, pero le dijo que, a partir de ahora, su esposa tenía preferencia en su vida. Después de esto, la colitis ulcerosa desapareció milagrosamente en pocas semanas. Durante varios años se había engañado a sí mismo, sin querer darse cuenta de que la verdadera causa de su enfermedad era puramente emocional y se debía a la bolsa venenosa de resentimiento que se había instalado en los recovecos de su alma. Este hombre no se produjo la colitis de una forma deliberada, sino que su problema se produjo como consecuencia de la acumulación de un pensamiento negativo y destructivo.

Debido a que la mente subconsciente es una ley, dispone todos los pensamientos que se depositan en ella de acuerdo con una pauta compleja y éstos alimentan constantemente las pautas inconscientes que no sólo son la causa de todas las enfermedades, sino también de nuestros éxitos y logros triunfales.

Un engaño de gran importancia

El mayor engaño es que, habitualmente, el ser humano atribuye constantemente las causas de todo lo que le sucede a factores ajenos a sí mismo. Echa la culpa a las enfermedades, al ambiente y a las circunstancias cuando, en realidad, todas sus dificultades vienen provocadas por pautas mentales y convicciones que abriga en su mente subconsciente. El mayor engaño es, esencialmente, la creencia en la causa material.

Oirá decir constantemente a la gente que las circunstancias materiales son la fuente de sus dificultades, pruebas y tribulaciones. Ese es un engaño que tiene una gran importancia y que hay que refutar completa y totalmente.

¿Por qué no la cura Dios?

Hace poco, mientras hablaba con una mujer, supe que su madre padecía de una grave enfermedad. Como espléndida cristiana, de corazón amable, religiosa y muy generosa, se preguntaba por qué Dios no hacía algo por ella. Una pregunta así ilustra perfectamente el gran engaño que afecta a la mayoría de la gente. La ley de la vida es la ley de la convicción y demostramos aquello de lo que estamos convencidos, aquello en lo que creemos. Cosecharemos lo que sembremos en nuestra mente subconsciente. Si sembramos pensamientos de enfermedad, temor, resentimiento y enemistad, eso será lo que cosecharemos. Desde el punto de vista bíblico, «sembrar un pensamiento» significa aceptarlo plenamente, de corazón; lo que demostramos son nuestras convicciones más profundamente asentadas.

Esta mujer joven y su madre se engañaban por completo, ya que cada una de ellas creía que la enfermedad es independiente de la mente y no tiene nada que ver con el proceso del pensamiento. Su madre padecía una grave enfermedad cardiaca y estaba convencida de que nunca podría curarse. Esa era su convicción real, de modo que, naturalmente, no podía curarse. No hay enfermedades incurables, sino sólo personas incurables, es decir, aquellas que están convencidas de que no se pueden curar, de modo que les sucede precisamente aquello de lo que están convencidas. La madre de esta mujer realiza ahora excelentes progresos. Ya no se encuentra bajo el hechizo del gran engaño según el cual su corazón es un objeto material con leyes propias, independiente de su pensamiento. Ahora está convencida de que su cuerpo se halla sujeto a sus pensamientos y sentimientos y de que, al cambiar de mentalidad, cambiará también su cuerpo. Reza con regularidad, sabiendo que el infinito proceso curativo fluye por ella, lo mismo que la belleza de la totalidad, la vitalidad y la fuerza y que el amor de Dios anida en su mente y en su cuerpo. Empieza a darse cuenta de que la enfermedad no tiene más poder que el que ella misma le otorga en su pensamiento y de que finalmente se curará. Cuando surja cualquier tipo de problema, considérelo como una señal de la naturaleza que le indica que está pensando erróneamente en esa dirección; luego, cambie su pensamiento y manténgalo cambiado.

Su temor le provocó tres accidentes

«¿Qué he hecho para merecer esto?», se preguntaba hace poco un joven, añadiendo: «Nunca he hecho nada malo». A menudo, la cura se encuentra en la explicación, así que le indiqué a este joven que todas nuestras experiencias son el resultado de nuestras convicciones y suposiciones subconscientes. En otras palabras, todas las experiencias, enfermedades y acontecimientos que ocurren en nuestras vidas son el resultado de la totalidad de nuestras convicciones. Además, todos nosotros tenemos muchas convicciones e ideas que hemos olvidado desde hace tiempo y que quizá se remontan a nuestra niñez, ocultas en los más profundos rincones de nuestra mente subconsciente. Todas nuestras convicciones y tendencias con las que nacimos siguen con nosotros y tienen poder para manifestarse e influir sobre nuestras vidas.

Si, por ejemplo, está convencido de que sentarse cerca de un ventilador le producirá una tortícolis, su mente subconsciente se ocupará de que así sea, no debido al ventilador, que sólo representa unas moléculas inocuas de energía que oscilan a una alta frecuencia, sino debido a su errónea convicción. Si teme resfriarse porque alguien estornuda, su temor es un movimiento de su propia mente que crea aquello que espera, teme o cree. Si se encuentra en una habitación cálida y luego sale a un ambiente frío, la naturaleza puede provocarle un estornudo, ya que esa es la forma que tiene para producir un equilibrio en el cuerpo, ya que el estornudo es en realidad una bendición. Muchas personas, sin embargo, temen pillar entonces un resfriado, sin saber que es el poder creativo de su propio pensamiento el que causa el resfriado.

El joven que se preguntaba qué había hecho para merecer los problemas que le afligían, me confesó que esa misma mañana se había comprado una revista de astrología en la que se le decía que corría un gran peligro de sufrir un accidente de tráfico y que debía llevar mucho cuidado. Dijo que eso le sobrecargó de temor y que se sintió conmocionado por lo que leyó. No quería conducir ese día, pero tenía que acudir a una audición muy importante para él y la única forma era llegar en coche. Ese mismo día tuvo tres accidentes, en uno de los cuales hirió gravemente a un hombre. Él mismo se sintió realmente conmocionado y sufrió algunas contusiones y pequeñas heridas. El coche quedó gravemente dañado. Job dijo: «Me ha sucedido lo que tanto temía». Fue precisamente el gran temor de este joven el que produjo los accidentes. La mente subconsciente dramatiza en forma de experiencias los pensamientos emocionalizados. La mente subconsciente del joven tomó el gran temor que sintió como si fuese una orden y la manifestó en la pantalla del espacio. Cosecharemos, con toda seguridad, aquello que sembremos.

Una técnica de oración para conducir con seguridad

Le entregué una oración para que la utilizara con regularidad y la memorizase hasta el punto de llenar su mente con todas estas verdades, de modo que su mente subconsciente las aceptase y se encontrara bajo el impulso subconsciente de conducir de una forma armoniosa y pacífica, con la convicción de que nunca le sucedería nada. Ésta es la oración que le entregué, sugiriéndole que la utilizara con regularidad y de forma sistemática hasta que pasara a formar parte de él:

«Éste es el coche de Dios. Es la idea de Dios y se mueve libre, gozosa y amorosamente de un punto a otro. La sabiduría de Dios conduce este coche en todas direcciones. El orden, la simetría y la belleza divinas gobiernan permanentemente el mecanismo de este coche. La santa presencia de Dios bendice este coche y a todos sus ocupantes. El conductor de este coche es un embajador de Dios y está lleno de amor y de buena voluntad hacia todos. La paz, la verdad y la comprensión de

Dios gobiernan al conductor. Dios dirige todas las decisiones, haciendo que el camino sea recto, hermoso y perfecto. El Espíritu del Señor mi Dios desciende sobre el conductor, convirtiendo todas las carreteras en una autopista para su Dios.»

La gran verdad

Hay muchas personas que le echan al tiempo la culpa de sus resfriados, achaques y dolores, al igual que de su depresión y melancolía. La atmósfera nunca le dice a uno: «Te voy a producir un enfriamiento, una neumonía, la gripe o un catarro». El aire es inofensivo y el hombre tiene que dejar de contaminar la atmósfera con sus extrañas ideas, falsas doctrinas y fantásticas convicciones.

Tiene que aprender la gran verdad de que ninguna persona, situación o estado provoca la enfermedad, la infelicidad, la soledad o el sufrimiento causado por una difícil situación pecuniaria. Las convicciones e impresiones transmitidas a la mente subconsciente son las causantes de todas sus experiencias y de todas las cosas que suceden en su vida.

Millones de personas sufren el gran engaño debido a que están autohipnotizadas por una acumulación de falsas ideas, creencias, opiniones y evidencias de los sentidos. La mente subconsciente actúa como la ley que manifiesta y refleja las pautas acumuladas que anidan en lo más profundo de su mente.

La enfermedad tiene su origen en la mente

Los psiquiatras y psicólogos que se han ocupado y probado lo más profundo de la mente humana, han demostrado que el ser humano no es consciente de estas pautas interiores, no las ha creado ni colocado ahí de una forma consciente y son muchas las personas que no creen tenerlas, por lo que luego establecen coartadas y excusas de todo tipo para justificarse. El doctor Phineas P. Quimby demostró hace cien años que el cuerpo se mueve según lo mueven, actúa según se actúa sobre él y no tiene voluntad propia, ni inteligencia autoconsciente, ni actividad por sí solo. El cuerpo se caracteriza por la inercia y sobre él se puede escribir una melodía de amor o un himno de odio; es como un disco emocional sobre el que se pueden grabar las emociones. Si cortara una parte de su cuerpo y la colocara en una estantería, no sufriría de ninguna enfermedad, aunque experimentaría descomposición. La razón por la que una extremidad amputada no puede sufrir ninguna enfermedad es porque ha sido separada de la mente.

El verdadero significado del diablo y el mal

El gran engaño funciona desde muchos ángulos; hay quienes achacan sus problemas y sufrimientos al diablo, aunque eso no sucede así. Los antiguos místicos hebreos decían que el diablo es alguien que dice mentiras sobre Dios, alguien que difama o dice mentiras sobre las verdades de Dios. El bien y el mal son, simplemente, el movimiento de la mente del ser humano en relación con el Espíritu vivo que hay en él, que es Dios. Si el ser humano utiliza mal la electricidad, se quema o se lesiona; del mismo modo, si utiliza mal las leyes de su mente subconsciente, tendrá reacciones negativas. Las fuerzas de la naturaleza no son malas en sí mismas; su maldad depende por completo del uso que hagamos de los elementos de la naturaleza y de las fuerzas que hay dentro de nosotros, tanto si tenemos una reacción positiva como negativa. El gran engaño consiste en entronizar en la mente la idea de que las cosas, las enfermedades y los fenómenos son las causas determinantes de la miseria, el sufrimiento y la mala fortuna.

Cómo triunfó sobre la sugerencia de la infección vírica

Un hombre que trabajaba en un despacho de Los Ángeles me escribió para decirme que la mitad de los miembros de su equipo estaba de baja debido a una infección vírica y que temía haberla pillado él mismo; quería saber cómo se podía proteger. Le contesté diciéndole que temía un virus invisible que no podía ver y que no tenía poder alguno sobre él. Le señalé que se estaba sugiriendo a sí mismo que podía ser susceptible a la infección y que las sugerencias y afirmaciones de los demás no tenían el poder para crear las cosas que sugerían, ya que eso también forma parte del gran engaño. Las sugerencias de los demás no tienen ningún poder sobre nosotros. Le dije que rechazara por completo la sugerencia de infección y que la acción creativa está siempre en su propio pensamiento y sentimiento. También le indiqué que no puede ocurrir nada excepto a través del poder creativo de la propia mente y que los demás, por tanto, no tienen poder alguno. Ese hombre afirmaba con frecuencia: «Yo y mi Padre somos uno. Vivo ahora y tengo mi ser en Dios y Dios vive, se mueve y tiene su ser en mí. Lo que es cierto de Dios, lo es también de mí. Dios no puede caer enfermo; en consecuencia, yo no puedo caer enfermo. La salud es mía, la alegría es mía, la paz es mía y me siento maravillosamente bien.»

Por qué las sugerencias de los demás no tienen poder alguno

Si alguien dice de usted que es un canalla, bueno, usted sabe que no lo es y, en consecuencia, esa afirmación no tiene poder alguno. Es usted el responsable de su mente y tiene la maravillosa oportunidad de afirmar que la paz y el amor de Dios llenen el alma de la persona que le ha insultado. El poder siempre lo tiene usted, no el otro. Puede maldecir o bendecir. Deje de dar poder y prerrogativas a personas, enfermedades y acontecimientos que no tienen ningún poder. Deje de considerar las cosas como malas o el mundo como malo. El espíritu y la materia son uno. La materia es el grado más bajo del espíritu y éste es el grado más alto de la materia. La materia y la energía invisible son una y los científicos nos informan que la energía y la materia son intercambiables, que son una, y por eso los pensamientos son cosas. El pensamiento es causa y la manifestación de la misma es el efecto.

Cómo triunfar sobre el gran engaño

La terapia de la oración científica es la única verdadera respuesta al gran engaño. Permita que la luz de Dios brille en su mente y neutralizará todos los efectos nocivos de los aspectos negativos implantados en su mente subconsciente. Llene su mente con las certidumbres y verdades eternas de Dios, ocupándola con los conceptos de que Dios es amor, paz, alegría, belleza, integridad completa y sabiduría y que su río de paz y su océano infinito de amor fluyen a través de sus mentes consciente y subconsciente. A medida que convierta esto en un hábito, expulsará y eliminará finalmente todas las pautas negativas alojadas en su mente subconsciente.

La palabra «engaño» implica la palabra «verdad». Puede ser engañado por error, pero la verdad se mantiene incólume a lo largo del tiempo. Sintonice con la presencia de Dios y el poder de Dios estará en su pensamiento consciente. Afirme francamente: «Dios es Espíritu y su Espíritu Santo fluye ahora a través mío, limpiando todas las pautas subconscientes conocidas o desconocidas que impiden mi bien. Mi subconsciente acepta mis afirmaciones de la verdad y soy libre en Dios y me siento lleno de paz, alegría y armonía. Soy Espíritu y sólo puede actuar en mí aquello que es de Dios. Acepto subconscientemente la totalidad y belleza del Espíritu ahora. Esta oración me libera para siempre del gran engaño de los tiempos. El día nace para mí y desaparecen todas las sombras.»

Seguro contra el engaño

1. No juzgue según las apariencias. Sus ojos le engañan con frecuencia y sólo tratan con la apariencia superficial de los hechos.
2. Compruebe las cosas por sí mismo.
3. Deje de echarle la culpa de lo que ocurra a las personas, situaciones o circunstancias.
4. Las pautas negativas de la mente subconsciente son la causa de todas las enfermedades. Las pautas constructivas del subconsciente son las que nos permiten alcanzar éxitos y triunfos.
5. El gran engaño es la creencia en las casualidades materiales.
6. La ley de la vida es la ley de la convicción y según lo que sembremos, así recogeremos.

7. Todas las experiencias y cosas que suceden en nuestras vidas son el resultado de la totalidad de nuestras convicciones.

8. Llene su mente consciente con las verdades de Dios y el subconsciente aceptará estas verdades eternas y hará que sucedan en sus experiencias.

9. Aprenda la gran verdad de que ninguna persona o situación le hace estar enfermo, ser desgraciado, sentirse solitario o estar arruinado.

10. Puede escribir sobre su cuerpo una melodía de amor o un himno de odio. Elija el amor.

11. El bien y el mal son el resultado de nuestra forma de utilizar la mente.

12. Las sugerencias y afirmaciones de los demás no tienen poder alguno para crear las cosas que sugieren.

13. Su pensamiento es la causa y la manifestación es su efecto.

14. Puede ser engañado por error, pero la verdad le hará libre.

4. Lo único que importa

El mayor descubrimiento de todos los tiempos es ser conscientes del poder de Dios. Ese descubrimiento tiene mucha mayor importancia que el de la energía atómica. Empiece a familiarizarse desde ahora mismo con las tremendas potencialidades que hay en usted. La Biblia dice: «Reconcíliate, pues, con Dios, haz las paces, y te resultará bien». Lo único que importa, pues, es reconciliarse con Dios y establecer una relación amistosa con su propio sí mismo superior, que es Dios en usted. Ha llegado el momento de que hable consigo mismo seria y sinceramente y que se haga preguntas como las siguientes: «¿Creo realmente que la inteligencia infinita que hay en mí es Dios y que él es la única presencia, poder y causa en el Universo?» Si lo cree así, no le echará la culpa de nada de lo que le ocurra a las circunstancias, situaciones, acontecimientos o a otras personas.

La segunda pregunta que debería hacerse es la siguiente: «¿Creo que la causa de mis experiencias, acontecimientos y situaciones se deben a poderes situados fuera de mí? Si lo creo así, ¿por qué trato de cambiar las cosas?»

La tercera pregunta a plantearse es: «¿Creo realmente que el mundo fenoménico es un efecto y no una causa?» Si cree en ello, no se quejaría nunca, ni gemiría y lloraría por las cosas externas, sino que pasaría a alinear su pensamiento y sus sentimientos de modo que estuvieran en armonía con Dios y su ley, cambiando de esta forma su mundo.

Nuestras convicciones son las causas de nuestras experiencias

Sus convicciones mentales son la única causa y todo aquello que piense, sienta, tenga la convicción y acepte como cierto en su mente será la única causa en su mundo. Debería recordar constantemente que le sucederá precisamente aquello en lo que crea. Perciba y goce de la presencia de Dios que está dentro de usted; eso es lo único que cuenta en su vida. Sintonice con el Uno infinito que hay en usted, venerando esa presencia como suprema y soberana en su vida y verá cómo se conjuntan todas las cosas para el bien en su vida.

Cómo triunfó sobre los «nervios de punta»

Hace unos años mantuve una discusión muy interesante con un hombre. Era astuto y estaba totalmente entregado a sus convicciones religiosas ortodoxas. Se encontró involucrado en una complicada situación legal; además, apareció la enfermedad en su hogar y también tenía problemas con sus hijos, que tuvieron que vérselas con la policía. Sufría insomnio e hipertensión y tenía lo que vulgarmente se dice los «nervios de punta». Lo que le dije fue que se desvinculara mentalmente de los problemas y pensara en Dios, al mismo tiempo que percibía cómo su río de paz y luminosidad fluía a través de su mente y cómo la sabiduría de Dios le revelaría el mejor camino a seguir para salir de la situación. En cuanto empezó a hacerlo así, disminuyó la tensión, desarrolló una elevación de su conciencia y experimentó una sensación de poder sobre sus circunstancias. Una vez que pudo abandonar temporalmente el problema, su mente se relajó y entonces se le ocurrió la idea de acudir a ver a un viejo amigo. Así lo hizo. Durante la conversación con su amigo, se produjo una clarificación de la situación en su mente, algo que, en último término, le condujo a encontrar la respuesta.

Cómo superar oleadas de duda y ansiedad

La Biblia dice que estalló una gran tempestad en el mar. Cada ser humano es como un barco que navega por el océano de la vida. Todos nosotros nos hallamos inmersos en el gran mar universal de la conciencia. Todos viajamos psicológica y espiritualmente hacia ciertas metas, objetivos y logros. A veces, el barco parece estar cubierto por las olas; eso representa la creencia precipitada en el fracaso, la privación y la limitación. Las tormentas de la duda, la ansiedad y la depresión nos agobian a veces. Los discípulos dijeron: «... El Señor nos salve: perecemos». Los discípulos representan sus propias facultades mentales, los pensamientos, sentimientos y convicciones, además de las actitudes mentales y sus expectativas, en general. Debe entrenar a sus facultades mentales para que miren hacia el interior, para que efectúen una introspección y tengan fe en todas las cosas buenas, en una gozosa expectativa de lo mejor y en la firme convicción, inscrita en el corazón, de que la inteligencia infinita le permitirá salir de las dificultades y le indicará el camino a seguir. Tenga la firme convicción de que el poder de Dios solucionará los problemas y le mostrará el camino. Esa fe en Dios le permitirá caminar sobre las aguas del temor, la duda, la preocupación y toda clase de peligros imaginarios.

Siempre hay una salida

Cuando se dice a sí mismo: «No hay forma de salir de esto. No tengo alternativa», no hace sino aceptar los vientos de la confusión, el temor y la opinión humana. Pero cuando recuerda que el Señor, que es el poder espiritual que hay en usted mismo, es absolutamente sapientísimo y omnisciente, estará buscando la solución, la salida, el final feliz, ignorando con ello los vientos del intelecto humano y las oleadas de desesperación, melancolía y depresión.

El significado de la fe

El hombre está como dormido ante el poder y la sabiduría de Dios encerrados en sus propias profundidades inconscientes. Por eso, en Mateo 8, 24 se dice: «él estaba dormido». El hombre de fe despierta y agita el don de Dios que hay en él. Sabe que éste es el reino de lo real. Sabe que su ideal o deseo es real en el reino interior y que esa fe o sentimiento hará que la presencia invisible o informe adquiera sustancia en forma de circunstancia, acontecimiento o experiencia. Por eso, el hombre de fe camina sobre las aguas de la duda y del temor, y se mueve lleno de confianza y comprensión hacia el querido objetivo que representa la tierra prometida. Tener fe significa aceptar como cierto aquello que niegan la razón y el intelecto.

Por qué sus pensamientos son cosas

El hombre debe despertar al hecho de que la ciencia y la religión son dos arcos de un mismo círculo que se unen para formar un todo completo. Tiene que abandonar los anticuados conceptos que no resisten la prueba de la verdad. Las ciencias de la química y de la física de hace un cuarto de siglo ya han dejado de ser válidas. La ciencia descubre constantemente nuevas verdades. El dogma de los elementos inmutables, por ejemplo, ha quedado desfasado. Ese dogma desapareció con el descubrimiento de la radiactividad. Hubo una época en que la gente creía que el mundo era algo fijo y estático; en la actualidad, sabemos que es un universo fluido de fuerzas que bailan, un universo mental cambiante y dinámico. Einstein y otros nos han enseñado que la conservación de la energía y de la masa han desaparecido como verdades claras y separadas. La energía y la masa son intercambiables; y, por eso mismo, los pensamientos son cosas.

El ocaso del dogma

Debemos abandonar para siempre los viejos dogmas que afirman como cierto algo que todo pensador científico sabe que es falso. Tenemos que dejar de afirmar algunas cosas como ciertas sin poseer el conocimiento necesario para afirmarlo. Hay personas que todavía insisten en la creación de la Tierra en seis días y en que Adán y Eva fueron nuestros primeros padres. La alegoría del jardín del Edén, junto con conceptos tales como la inmaculada concepción, la caída del hombre, el día del juicio final, la sangre del cordero, la salvación, el infierno y la condena, no son más que términos basados en el dogma teológico y provienen de épocas muy antiguas; hay que considerarlos como mitos antiquísimos que ejemplifican verdades psicológicas y espirituales internas.

La religión debe mostrarse continuamente abierta a la nueva verdad. En la actualidad, la religión experimenta una verdadera revolución y no parecen tener fin las verdades de Dios, reveladas constantemente a la mente perceptiva y meditadora. El credo, el dogma y la tradición no solucionarán los problemas de hoy. El hombre necesita descubrir sus poderes ocultos y aprender a basarse en ellos y a utilizar la sabiduría y el poder que posee para que le conduzcan por caminos de gozo y de paz.

Era un temeroso de Dios

Un hombre me escribió hace algún tiempo, diciéndome que era un buen cristiano, que daba limosna a los pobres, acudía con regularidad a la Iglesia, cuyos preceptos y dogmas practicaba, a pesar de lo cual añadía: «Todo en mi vida parece estar del revés. Me siento enfermo, mentalmente torturado, financieramente arruinado y con los nervios de punta. ¿Qué es lo que anda mal?»

En una entrevista mantenida con ese hombre descubrí que tenía un título en ciencias, era profesor en una escuela dominical, un ardiente estudioso de Platón, Aristóteles, Eckhardt y Plotino, famosos místicos y filósofos a los que podía citar profusamente. A pesar de estar meticulosamente versado con estas ideas filosóficas abstractas, nunca las había asimilado por completo, de modo que no era capaz de utilizar estos conceptos para encontrar una cierta paz. Estos escritos eran para él como una suerte de ejercicio intelectual, que nunca se había apropiado hasta el punto de hacerlos llegar a su corazón. «Del corazón salen los temas de la vida.»

Creía en un Dios situado en el espacio, allá lejos, en los cielos, como una especie de ser inescrutable y tiránico que le castigaría si pecaba y que, estaba convencido de ello, le juzgaría el Día del juicio final. Era, incluso, un hombre temeroso de Dios y creía que todos sus sufrimientos no eran sino por voluntad de Dios. Le expliqué cómo funcionaba su mente subconsciente, añadiendo que, como persona con formación científica, debería saber que las leyes de la mente, como las de la química, física o matemáticas son puramente impersonales y que todo aquello que se grabara en su mente subconsciente se expresaría, de la misma manera que las semillas depositadas en tierra fértil se convierten en plantas de su misma especie. Su religión no era científica y, en realidad, violaba el sentido común. Todas sus creencias religiosas eran irracionales, irrazonables y totalmente contrarias a la ciencia. Supo así que no hacía sino castigarse a sí mismo y que su vida caótica se debía a sus habituales pensamientos negativos y temerosos, que generaban emociones destructivas y negativas.

Cómo venció ella su intención de matar a la otra mujer

Veamos otra ilustración que señala vivamente cómo funciona la mente. Una mujer experimentaba un gran enojo y resentimiento contra su marido, al que odiaba, porque descubrió que tenía una amante; también enseñó a sus hijos a odiarlo. Sentía unos celos terribles de la otra mujer y me dijo que había llegado al punto de comprar un arma de fuego con la intención de asesinarla. Le expliqué entonces el funcionamiento de su mente más profunda. Le indiqué que sus emociones corrosivas y venenosas, que ella misma generaba, podían llegar a crear, si se mantenían, un reflejo subconsciente que terminaría por impulsarla a cometer un asesinato que conscientemente no deseaba perpetrar. Sus conceptos religiosos ortodoxos demostraron no servirle de nada para solucionar su problema. Necesitaba despertar la presencia y el poder que dormían en el barco a la deriva que era ella en aquellos momentos. Empezó a cobrar conciencia del hecho de que todas las religiones del mundo, desprovistas de sus superficialidades, envolturas y trampas, consisten exclusivamente en una única verdad básica y fundamental, enseñada en las Escrituras: «Un hombre es aquello que piensa en su corazón». El «corazón» significa aquí la mente subconsciente y aquello que se graba en ella, termina por suceder. Los pensamientos y sentimientos reprimidos en la mente subconsciente tienen una vida propia que se pone de manifiesto en la experiencia cotidiana. Recuerde que aquello que grabe en el subconsciente es compulsivo.

Esta mujer abandonó sus ideas anticuadas y sus opiniones falsas sobre la religión y se dio cuenta de que era la capitana de su barco, que estaba dirigiendo directamente contra las rocas. Le fallaron por completo el credo, el dogma y los conceptos tradicionales. A partir de entonces, rezó lo siguiente: «Dejo por completo a mi esposo y a su amante en manos de Dios. Sé que Dios es el gran proveedor. Dios me conoce. Dios se preocupa por mí. Espero que este misterioso y maravilloso poder divino aporte paz a mi alma y me dirija hacia la armonía y el gozo. Seguiré sabiendo que el amor de Dios llena mi mente y mi cuerpo. Sé que este poder universal me cura, me protege y abre ante mí nuevas vistas de paz y prosperidad. Sé que el Espíritu Santo fluye a través de mi mente y que calma los vientos. Este Espíritu divino llena mi corazón, aquieta las aguas y su poder fortalece mi cuerpo. Dios aquieta los vientos y las olas que hay ahora en mí, y siento una gran bonanza en mi alma.»

Cada día repetía varias veces esta oración, en alta voz, con lentitud y amorosamente. El resultado fue que su esposo regresó al hogar, a su lado, junto a su familia, pidiéndole perdón. La otra mujer, mientras tanto, falleció de repente para dirigirse hacia la siguiente dimensión de la vida. En este hogar existe ahora una gran calma.

Sean cuales fueren sus convicciones religiosas, sus creencias filosóficas o sus logros científicos, lo único que realmente importa es familiarizarse íntimamente con el factor espiritual que hay dentro de usted. Es indomable, invencible e invulnerable.

Por qué el fuego no pudo quemarlo

H. T. Hamblin, el fallecido editor de la Science of Thought Review, de Chichester, Inglaterra, me relató un incidente ocurrido entre dos aviones de combate, uno británico y el otro alemán, que habían entablado un combate aéreo cerca de su casa. Uno de los aviones cayó y se estrelló en el prado, incendiándose. El joven piloto inglés no sufrió daño alguno. Le dijo al señor Hamblin, que había rezado por su seguridad: «Sabía que estaba cayendo y no sentí miedo alguno. Mientras descendía..., no sé cómo explicárselo, pero fue como si en mi interior cambiara algo y supe con toda certeza que no sufriría el menor daño.» El agua no podrá ahogar ni el fuego quemar a un hombre que se sienta en un estado exaltado de conciencia, que viva en dimensiones superiores del pensamiento.

El incidente antes mencionado está confirmado en el libro de Daniel. Tres hombres, Shadrach, Meshach y Abednego, fueron arrojados en medio de un feroz horno encendido. «Y él dijo: "He aquí yo veo cuatro varones sueltos, que se pasean en medio del fuego sin sufrir ningún daño; y el aspecto del cuarto es semejante a hijo de los dioses"» (Daniel 3, 25). La expresión «hijo de los dioses» se refiere a la presencia de Dios en cada hombre, capaz de salvarle de cualquier situación comprometida en que se encuentre.

Aprenda a triunfar sobre todos sus problemas

Deje de confiar en un ser vago y misterioso situado fuera de usted. Aprenda que las leyes de su mente son fiables y que puede confiar plena e implícitamente en ellas y en sus principios. Sienta la presencia del amor de Dios en su alma y familiarícese íntimamente con las cualidades y los atributos de Dios, intensificando esas cualidades en su pensamiento y en sus sentimientos. Reanime los poderes que le ha otorgado Dios y aprenda que puede superar todos los problemas y dificultades. Eleve su conciencia pensando en Dios y en su suprema sabiduría y poder, y calmará de ese modo los vientos de confusión y el oleaje del temor y la cólera. «Y él les dice: "¿Por qué teméis, hombres de poca fe?" Entonces, levantándose, reprendió a los vientos y al mar; y fue grande la bonanza» (Mateo 8, 26).

Obtenga poder sobre las circunstancias y condiciones

1. Lo único que importa es familiarizarse con su sí mismo superior y establecer una relación amistosa con él.
2. Le sucederán aquellas cosas que crea.
3. Recuerde siempre: si realmente desea obtener poder sobre las circunstancias, puede alcanzarlo.
4. Tenga una firme convicción en el poder de Dios para solucionar su problema. Eso disuelve mágicamente todos los obstáculos.
5. Siempre hay una solución para cada problema. Imagine el final feliz y aquello que contemple será lo que experimentará.
6. La fe supone aceptar como verdadero aquello que niegan la razón y los sentidos.
7. Los pensamientos son cosas.
8. No afirme como cierto algo que todo pensador científico sabe que es falso.
9. Las leyes de su mente, como las de la química y la física, son puramente impersonales y no tienen en cuenta a las personas.
10. Recuerde que las impresiones grabadas en su mente subconsciente por el pensamiento repetitivo son compulsivas.
11. La presencia de Dios en usted puede evitarle cualquier situación complicada cuando confíe en Dios y crea en Él.
12. Puede fiarse de las leyes de su mente y confiar implícitamente en esas leyes y en sus principios.

5. Todo final es un principio

Hace miles de años, Job preguntó: «Si el hombre muriere, ¿volverá a vivir?» (Job 14, 13). Desde entonces, esa pregunta se ha planteado miles de veces. La verdad es que no hay muerte en el sentido de olvido. Dios es vida y esa vida es la nuestra, la de ahora. La vida, o Dios, no tiene principio y no tiene final. El hombre, al ser vida como manifestación de Dios, no puede morir.

El cuerpo tiene un principio y un final. Siempre tendremos un cuerpo, porque el cuerpo del hombre, ya sea tridimensional o cuatridimensional, es el vehículo para la expresión de la vida. Cuando el vehículo o cuerpo ya no es un instrumento adecuado aquí, se deja de lado. Entonces, el Espíritu se cierra sobre sí mismo, en un nuevo cuerpo.

No debemos pensar en la muerte como un final. Pensemos más bien en ella como un nuevo principio que sea, además, más abundante. No debemos concebirla como una pérdida, sino antes al contrario, como una ganancia. En lugar de pensar tristemente en partir, pensemos en reunirnos con todos nuestros seres queridos. En lugar de pensar que nos marchamos, démonos cuenta de que con la muerte llegamos a nuestro nuevo destino. Una vez que hayamos probado la realidad de lo que el hombre llama «muerte», seremos conscientes de que en realidad se trata de un renacimiento. La muerte será entonces lo que la salud para el enfermo, lo que el hogar para el exiliado.

Milton dijo: «La muerte es la llave dorada que abre el palacio de la eternidad». Es imposible que algo tan universal como la muerte sea considerado permanentemente como un mal. Tiene que ser algo bueno, o no sería. El viaje se efectúa desde la gloria hacia la gloria; el ser humano avanza hacia delante, en sentido ascendente, hacia Dios. Admitimos los procesos de renovación, resurrección y fructificación en las estaciones, en las aves, las flores y los insectos, pero cuando se trata del ser humano, nos quedamos paralizados y sin habla, llenos de temor. Somos tímidos a la hora de asumir que la muerte y el nacimiento no son más que las dos caras del escudo de la vida, y que no hay que temerlas. Básicamente, la muerte es la vida en proceso de cambio. Algo viejo que se entrega a cambio de algo nuevo, esa es la transacción que se consuma en el llamado proceso de la muerte.

Al pasar a la siguiente dimensión de la vida, conservará el pleno uso de sus facultades mentales. Reconocerá su nuevo ambiente. Conocerá a los demás y éstos también le conocerán a usted. Verá, comprenderá, aprenderá y avanzará en todas las fases de la vida. La muerte es algo más que un final; en realidad, es un nuevo principio, pues cuando algo termina siempre hay algo nuevo que empieza. Por eso, cada final es un principio. La entrada en la siguiente dimensión de la vida se caracteriza por la novedad, la libertad y la expresión.

La vida es un despliegue interminable

La vida es una progresión, un despliegue interminable en continua expansión. En la siguiente dimensión de la vida, usted poseerá un recuerdo de su vida sobre este plano terrenal y el recuerdo de quién es y lo que es constituirá el vínculo que le recuerde la continuidad de su vida individual, a medida que ésta se expande incesantemente. Dios es infinito. Usted también es infinito y en la eternidad nunca podrá agotar las glorias y bellezas que hay dentro de usted: ¡así de maravilloso es!

En el capítulo 15 de la primera epístola a los Corintios, Pablo dice: «Y hay también cuerpos celestiales, y cuerpos terrenales; pero una es la gloria de los celestiales, y otra la de los terrenales... Y así como hemos traído la imagen del terrenal, traeremos también la imagen del celestial.»

Es usted inmortal

Con ello, Pablo está diciendo que no se produce una verdadera muerte y que todos los seres humanos son inmortales. Todo niño que nace es vida universal, o Dios, que asume la forma de ese niño; se trata realmente de Dios que desciende de los cielos (estado invisible) y que aparece en un cuerpo terrenal. Cuando ese instrumento deja de funcionar con perfección, pasamos a un cuerpo situado en la cuarta dimensión, al que se suele llamar cuerpo sutil, celestial, astral, subjetivo, etc. Lo único que se lleva uno a la siguiente dimensión de la vida es su estado de conciencia, es decir, su conocimiento, conciencia y convicciones sobre Dios, la vida y el Universo.

Cómo contemplaron dos hijas el fallecimiento de su padre

Hace unos días acudí al hogar de dos muchachas con el propósito de llevar a cabo una sesión de meditación por su padre, que había efectuado su transición. Una de ellas dijo: «Sé que papá está vivo con la vida de Dios y que está funcionando en una frecuencia superior. Queremos rezar por él e irradiarle amor, que le ayudará en su camino.» Me comentó que había muerto exactamente a las 14.00 horas y su hermana le dijo: «Son las dos de la tarde, pero mira, la manecilla se mueve para pasar a una hora nueva. Lo mismo se puede decir de nuestro padre; su vida aquí, en este plano, ha acabado y para él se ha iniciado una nueva vida.» Sabía muy bien que cada final es un principio.

Entramos en un cuerpo nuevo

Pablo dice: «Y así como hemos traído la imagen del [cuerpo] terrenal», con lo que quiere dar a entender que todos nosotros nacemos con las limitaciones propias del tiempo, el espacio y el plano tridimensional. Pero también hemos de tener presente la imagen de lo celestial, es decir, de que algún día nos desprenderemos de este cuerpo. No lo llevamos con nosotros cuando entramos en las oscilaciones superiores del Espíritu, donde nuestros cuerpos son tan raros y atenuados que la persona media no puede verlos.

Todo ser humano debe crecer y expandirse. Todo niño cuya vida se ha extinguido al nacer o que sólo ha vivido una semana es como una nota elegante en la gran sinfonía de toda la creación. El niño crece, se expande y se despliega en otra dimensión de la mente. A través del amor, ese niño se halla unido a usted y a todos los demás que participan en la orquesta celestial, al frente de la cual se encuentran a grandes directores, como Jesús, Moisés, Lao-Tsé, Confucio y otros profetas iluminados que siguen viviendo, moviéndose y teniendo su ser en las mansiones superiores de la casa de nuestro Padre.

Volverá a encontrarse con sus seres queridos

Al llegar a este mundo, fue recibido por manos amorosas que cuidaron de usted. Fue abrazado y querido y se satisficieron todas sus necesidades hasta que terminó su infancia. Lo que es cierto de un plano, también lo es respecto de todos los planos de la existencia, pues Dios es amor. Al entrar en la siguiente dimensión, se encontrará con enfermeras y médicos bien entrenados que le iniciarán y le introducirán a una nueva vida. El amor atrae y volverá a encontrarse con todos sus seres queridos, con los que tendrá una reunión feliz. Si ha sido usted un maestro de la verdad aquí, en esta vida terrenal, enseñará también allí y escribirá. Viajará y hará todas las cosas que hizo aquí, con la única diferencia de que estará funcionando en una nueva longitud de onda o en una frecuencia superior. Allí no verá el Sol o la Luna, puesto que el tiempo no es el mismo que aquí. Cuando se acueste a dormir por la noche, por ejemplo, su mente estará muy activa, pero no será consciente del paso del tiempo.

El tiempo de aquí no es el mismo que el de allí

Recientemente, mantuve una charla con un escritor durante un vuelo a Hong Kong. Me dijo que una noche se quedó dormido y viajó por todo el mundo, pronunció conferencias que duraron horas, visitó a miles de personas y leyó libros (uno de los cuales tenía 5.000 páginas). Me dijo que también leyó el contenido de un nuevo libro que estaba escribiendo. Al despertar, se dio cuenta de que apenas había dormido un minuto.

En la siguiente dimensión de la vida encontrará un homónimo de todo lo que hay en esta vida. «Como en el cielo, así también en la tierra.»

Cómo triunfó una madre ante la pérdida de dos hijos

Recientemente, charlé con una mujer que me dijo que había perdido a dos hijos en la guerra de Corea, uno de 19 años y el otro de 20. Las noticias sobre su muerte fueron, al principio, un verdadero y agónico golpe mental, pero dijo que pronto recuperó la compostura al afirmar serenamente en su interior: «Porque Dios no es Dios de muertos, sino de vivos, pues para él todos viven». Me miró con un raro resplandor en los ojos. «¿Y sabe lo que sentí?», me preguntó. Sus palabras brotaron lentamente, con una serenidad majestuosa. «De repente, tuve la sensación de que una oleada de paz interior me inundaba el corazón y de que desaparecía por completo toda sensación de dolor por la pérdida. Sabía que mis hijos estaban vivos, y así lo sentí, y pude percibir su presencia y su amable contacto. Fue una experiencia maravillosa.»

La mujer me dijo que sus hijos habían sido muy religiosos y que estaban llenos de amor, alegría y vitalidad. Y siguió diciendo: «Sé que Dios es justo y bueno y me doy cuenta de que, aun cuando los echo de menos, ellos se están construyendo otro hogar en la siguiente dimensión, donde tienen nuevos cuerpos y desempeñan nuevas tareas. Entonces, me pregunté a mí misma: "¿Cómo puedo ayudarles?". La respuesta acudió rápidamente a mi mente: "¡Reza por ellos!". Así pues, recé y razoné lo siguiente: "Mis hijos me fueron prestados por Dios, la fuente de toda la vida y el que concede todos los dones. Sabía que no podría tenerlos para siempre y que algún día me dejarían, se casarían, quizá se trasladarían a otra ciudad o a países extranjeros. Los amé mientras estuvieron conmigo; les di todo lo que pude en forma de amor, fe, seguridad y confianza en Dios. Mi misión ahora es la de ayudarles a construirse un nuevo hogar, así que irradio amor, paz y alegría hacia ellos. La luz, el amor, la verdad y la belleza de Dios fluyen a través de ellos. Sus almas están llenas de paz. Me regocijo con su propio viaje hacia delante, pues la vida es progresión. Cada vez que pienso en ellos, digo: "Dios está con ellos y todo está bien"»

Esta oración, que ella repitió varias veces al día durante unas pocas semanas, produjo en esta mujer una completa sensación de paz y tranquilidad. Ayudó a sus hijos con sus oraciones y también se ayudó a sí misma.

Cómo rezar por los llamados muertos

Aplicar el «óleo de la alegría para el dolor por la pérdida» se interpreta del siguiente modo: debemos enseñar a todos los seres humanos que nunca deben sentir dolor o lamentar la pérdida de los seres queridos. Al irradiar las cualidades de amor, paz y alegría por la persona querida que ha pasado a la siguiente dimensión, estamos rezando por ella de la manera más correcta. La estamos elevando en la conciencia. Eso significa, verdaderamente, aplicar el «óleo de la alegría para el dolor por la pérdida». Nos regocijamos por su nuevo cumpleaños, sabiendo que se encuentra en presencia de Dios. Allí donde está Dios, no puede haber ningún mal. Para rezar por la persona que consideramos como muerta, tenemos que darnos cuenta de que las personas queridas que han fallecido se encuentran ahora en un estado de belleza, alegría y amor; al rezar por ellas, las elevamos, porque sienten nuestras oraciones y, por tanto, se saben bendecidas. Nuestra sincera oración las hace felices. En lugar de sentir que están muertas y se han marchado y que sus cuerpos se encuentran allí donde están sus tumbas, nuestro lado interior nos permite verlas en un estado de indescriptible belleza. No debemos detenernos en el estado de ánimo de la ausencia, la limitación o la lamentación.

Cómo desterró un actor todas sus lágrimas

Conocí en Nueva York a un actor que había recibido un telegrama notificándole que su esposa y sus tres hijos habían resultado muertos en la India; el telegrama llegó diez minutos antes de que tuviera que salir a escena, donde debía cantar, bailar y contar chistes. Me dijo: «Hice un esfuerzo por pensar en Dios y en su amor; sabía que el péndulo de la vida, que había oscilado en mi vida hacia la tragedia y la desesperación, tenía que oscilar de inmediato hacia el lado contrario. Empecé por afirmar interiormente que Dios me daría la fortaleza y el poder y que realizaría la mejor actuación de toda mi vida. De algún modo, sabía que eso sería lo que hubieran deseado mi esposa y mis hijos; mientras las lágrimas descendían por mis mejillas, recordé a Dios y afirmé que me estaba ayudando y me limpié las lágrimas. Recé una oración por mis seres queridos, pidiendo que Él los condujera junto a las aguas serenas y que su amor estuviera allí, con ellos.» Añadió que sentía desgarrado el corazón, pero levantó la voz en un canto triunfal y bailó como nunca lo había hecho antes; el público le aplaudió enfervorizado. El actor comentó después que eso le produjo el mayor entusiasmo de su vida. Tuvo la sensación de tener a su lado a Dios en todo momento. Desde las profundidades de su pena, hizo un esfuerzo por pensar en Dios y en su bondad, y Dios le contestó. Invocó el poder que es lo más grande que conocemos. Milagrosamente, ese poder se hizo cargo de la situación, lo elevó y le infundió fortaleza. El actor levantó la mirada y buscó una solución.

«De lo profundo, oh Jehová, a ti clamo. Señor, oye mi voz; estén atentos tus oídos a la voz de mi súplica» (Salmos 130, 1-2).

Cómo afrontó una muchacha de 13 años la tragedia de la muerte de su padre

Hace pocos años asistí al funeral de un hombre que murió repentinamente a los 50 años de edad. Sólo tenía una hija de 13 años; su esposa falleció al nacer ella. La hija me dijo: «Papá siempre dijo que la muerte era una continuación y antes de morir me dijo: "Reza por mí y yo siempre rezaré por ti y te cuidaré"». Me sentí a un tiempo extrañado y encantado al oírle decir: «Sé que papá ha escuchado todas y cada una de las palabras que usted ha pronunciado. Lo vi con toda claridad. Me sonrió. Sé que no quiere que me lamente, llore o lo eche de menos tristemente. Quiere que sea feliz y que me sienta alegre, que vaya a la Universidad, aprenda y me convierta en un buen médico. Sé que eso le haría sentirse feliz. No le debo a papá lágrimas o pena. Le debo lealtad, amor y devoción a las verdades que me enseñó y a hacer algo con mi vida.»

En el fondo de su corazón, la muchacha había resuelto la tragedia de la llamada muerte, que no le dolió por ello demasiado. Tenía la sensación de una compañía divina que la reconfortaba, además del conocimiento espiritual de los principios de una afabilidad cariñosa, feliz y constructiva, del crecimiento, la seguridad y la amabilidad, una sensación de confianza en las leyes de Dios y en su amor hacia todos sus hijos.

Cómo triunfar sobre la melancolía y la soledad

Lo mismo que esta joven, puede usted elevarse sobre la melancolía, el desánimo y la angustia. Elévese por encima de esos estados de ánimo y redímase ahora. Salga de su pozo de pena, dolor y soledad al resaltar en sí mismo las cualidades del amor, la amistad, la seguridad, la fe y las actividades fructíferas, además del intenso deseo por alcanzar una intensificada capacidad para amar y para ofrecer sus talentos al mundo. Al proyectar todas esas cualidades, aunque continúe sumido en la soledad y la pena, se estará construyendo otra casa en su mente, que no tardará mucho en habitar siempre y cuando no vacile y siga confiando en Él, pues «Él no te fallará». Soporte su problema actual al mismo tiempo que reza por su estado futuro y consuélese con la gran alegría que espera ante usted.

¿Dónde están los que consideramos como muertos?

Me he encontrado junto al lecho de muerte de muchos hombres y mujeres. Nunca he visto que ninguno de ellos mostrara señales de temor. De una forma instintiva e intuitiva, tenían la sensación de estar entrando en una dimensión más grande de la vida. A Thomas Edison se le oyó decirle a su médico, antes de morir: «Es todo muy hermoso ahí fuera». Todos nosotros sentimos un deseo natural en cuanto al estado en que se encuentran nuestros seres queridos después de que abandonaran este plano de la vida. Tenemos que darnos cuenta de que viven en otra mansión de la casa de nuestro Padre y que sólo se hallan separados de nosotros por una frecuencia superior.

Los llamados muertos están a nuestro alrededor y debemos dejar de creer que han muerto y desaparecido. Están vivos, con la vida de Dios. Los programas de radio y televisión llenan la estancia donde usted se encuentra ahora, a pesar de que no puede verlos o escucharlos sin un instrumento. El ser humano se halla bajo el hechizo hipnótico de creer en la muerte, pero cuando aparte de delante de sus ojos el velo que ha mantenido durante siglos de falsas creencias, se dará cuenta que tiene una existencia situada más allá del tiempo y el espacio, tal como los conocemos, y verá y sentirá la presencia de aquellos a los que ahora llama «muertos».

Fui declarado muerto y viví durante tres días fuera de mi cuerpo

Contemplo la muerte como un nacimiento a la cuarta dimensión, donde vamos de una mansión a otra, en una escala ascendente. Hace unos 36 años padecí una grave enfermedad y permanecí inconsciente durante unos tres días. Durante todo ese tiempo estuve fuera de mi cuerpo y hablé con parientes que habían desaparecido desde hacía tiempo de la faz de la Tierra; los reconocí con claridad. Yo sabía que tenía un cuerpo, pero se trataba de un cuerpo diferente, con poderes que me permitían cruzar puertas cerradas; y cada vez que pensaba en un lugar como Londres, París o Bélgica, donde estaba mi hermana, me transportaba allí instantáneamente y podía ver y escuchar todo lo que sucedía. Hablé con amigos y seres queridos que se encontraban en la siguiente dimensión, a pesar de no utilizar ningún idioma para ello; todos se comunicaban exclusivamente con el pensamiento. No había fronteras. Todo parecía estar vivo y yo no experimentaba sensación alguna de tiempo. Me sentí libre, exaltado y extasiadamente embelesado. Vi al médico entrar en la habitación donde estaba mi cuerpo y le oí decir: «Ha muerto». Noté que me tocaba los ojos y comprobaba mis reflejos e intenté decirle que estaba vivo, pero él no parecía darse cuenta de que yo estaba allí. Le toqué y le dije: «Déjeme a solas, no quiero regresar», pero no hubo reconocimiento perceptible alguno en mi contacto o en mi voz. El médico me puso una inyección que pareció ser una especie de estimulante cardiaco. Me sentí furioso porque no quería regresar, de tan hermoso y trascendente como era el estado en que me encontraba. Apenas empezaba a disfrutar de mí mismo, de mis nuevos conocimientos y estudios en la siguiente dimensión. Se me estaba devolviendo a la vida y sentí que regresaba a mi cuerpo como si me introdujera en un cuerpo dormido. De repente, todo pareció ser cosa del pasado y me sentí en la prisión. Al despertar, sufría de una conmoción, debida indudablemente a la cólera expresada en el cuerpo cuatridimensional antes de que entrara en su homónimo tridimensional. Por lo que sé, había experimentado lo que el mundo denomina «muerte» y, según nuestro sentido del tiempo, permanecí inconsciente durante 72 horas. Cuando se dice que alguien ha muerto, en realidad esa persona está funcionando en una dimensión superior de la mente.

La muerte es vida en una vibración superior

Estamos viviendo ahora en la cuarta dimensión. En realidad, vivimos en todas las dimensiones, porque vivimos en Dios, que es infinito. Sus personas queridas que han fallecido siguen con sus vidas justo donde estamos, pero en una frecuencia o vibración superior. Es posible tener en su habitación un ventilador que gire a tal velocidad que sea invisible. Del mismo modo, podemos transmitir 50 voces por un mismo cable y la razón por la que no se interfieren unas a otras es porque se transmiten a frecuencias diferentes. Los programas de radio y televisión no se interrumpen o chocan entre sí debido a sus diferentes longitudes de onda. Nosotros interpenetramos en todos los planos y nuestro viaje es siempre hacia delante, hacia arriba, en dirección hacia Dios.

El Espíritu nunca nació
y nunca dejará de existir.
Nunca hubo un tiempo en que no fuera;
el fin y el principio sólo son sueños.
El Espíritu permanece eternamente
sin nacer, sin morir, sin forma.
La muerte no le ha tocado.
Parece muerto en la casa,
pero sólo como alguien que yace
desprovisto de su gastada ropa
y, tomando otras nuevas, dice:
«¡Hoy me pondré éstas!»
Así se puso el Espíritu
su nuevo ropaje de carne
y pasó a heredar
una nueva residencia.

La canción celestial

Herramientas espirituales para la superación

1. Debe darse cuenta de que vive para siempre. La vida no tuvo principio y no tiene final. Está usted vivo con la vida de Dios.
2. La muerte no existe. Cuando los demás lo califican de muerto, está usted funcionando en realidad en un cuerpo cuatridimensional.
3. Todo final es un principio, y cuando termina la vida en este plano, se inicia una nueva vida.
4. El ser humano no se lleva consigo su cuerpo, sino que se pone un nuevo cuerpo, enrarecido y atenuado. El ser humano no estará nunca sin un cuerpo.
5. Volverá a encontrarse con sus seres queridos. El amor atrae y gozará de una alegre reunificación.
6. Cuando se queda dormido por la noche, no es consciente del tiempo, tal como lo conocemos en este plano. En la siguiente dimensión de la vida no hay relojes.
7. Cuando no podemos tener para siempre a nuestros seres queridos junto a nosotros y cuando nos dejan, tenemos que despedirlos a la velocidad de Dios.
8. Nunca debemos lamentarnos o llorar la pérdida de los seres queridos. Tenemos que regocijarnos por su nuevo nacimiento en Dios, ayudándoles con ello en su avance.
9. Rece por sus seres queridos, sabiendo que el amor de Dios está con ellos y que Él los conduce hacia aguas serenas.
10. No le debe lágrimas ni pena a sus seres queridos. Les debe amor, libertad, alegría y todas las bendiciones del cielo.

11. Salga del pozo del dolor, la pena y la soledad al resaltar en sí mismo las cualidades del amor, la amistad, la seguridad y una capacidad intensificada para el amor.

12. Debe darse cuenta de que sus seres queridos viven en otra mansión de entre las muchas mansiones que tiene la casa de nuestro Padre. Sólo están separadas de nosotros por una frecuencia más alta.

13. Los programas de radio y televisión llenan su habitación, aunque no puede verlos ni oírlos sin instrumentos. Del mismo modo, los llamados muertos están a nuestro alrededor.

14. Cuando a los seres humanos nos declaran muertos, estamos funcionando en realidad en una dimensión superior de la mente.

15. Vamos de la gloria a la gloria y nuestro viaje siempre es hacia delante, hacia arriba, en dirección a Dios.

6. Lo único que no puede tener

Durante un seminario sobre El poder de la mente subconsciente*, celebrado en Denver, una mujer me dijo: «Puedo tener todo lo que desee si sólo creo tenerlo en mi mente». Le dije que lo único que no se puede tener en la vida es algo a cambio de nada, y que tendría que pagar un precio. La mujer venía rezando desde hacía diez años por curarse de una afección de la piel, sin resultado alguno. Se había aplicado varias lociones astringentes y otros medicamentos tópicos, sin obtener ningún alivio apreciable.

El precio que tuvo que pagar

Esta mujer nunca había pagado un precio y el precio de la curación es la fe en la infinita presencia curativa, pues «Conforme a vuestra fe os sea hecho». La fe es atención, devoción y lealtad al único poder creativo, al todopoderoso Espíritu viviente dentro del cual se crearon todas las cosas. El precio que esta mujer tuvo que pagar fue el reconocimiento del poder de Dios, la aceptación de su presencia curativa y la convicción de que la curación está teniendo lugar ahora.

Le había dado poder a las causas externas, al decir: «Mi piel es sensible al sol», «También soy alérgica al frío», «Creo que este eczema que me ha salido en el brazo se debe a la herencia», «Mi madre ya padeció una enfermedad similar», «Todo se debe a mis genes y cromosomas defectuosos».

---

* Prentice-Hall, Inc., Englewood Cliffs, N. J., 1963.

Su mente estaba dividida. Nunca había pagado el precio, que consistía en dirigir su atención hacia Dios y sus leyes, confiar en Él y creer que sólo Él podría hacer que se produjera la curación.

La oración fue la respuesta

Ella empezó a rezar entonces lo siguiente: «La presencia de la curación infinita, que creó mi cuerpo y todos sus órganos, conoce todos los procesos y funciones de mi cuerpo. Afirmo, siento y sé definitiva y absolutamente que la grandeza y la gloria infinitas de Dios se ponen de manifiesto en mi mente y en mi cuerpo. La totalidad, vitalidad y vida de Dios fluyen a través de mí y cada átomo de mi ser se ve transformado por la luz curativa. Perdono plena y libremente y expreso vida, amor, verdad y belleza, que dirijo hacia todos mis familiares y parientes. Sé que les he perdonado, porque me he reconciliado con la persona que está en mi mente y ya no hay ningún resquemor. Doy las gracias por la curación que está teniendo lugar ahora y sé que Dios me contesta.»

Repitió varias veces al día esta misma oración, lenta y serenamente, con mucho respeto. Antes de que yo partiera de Denver, me dijo que todo su ser había experimentado una notable mejoría, tanto mental como físicamente, y que ante sus propios ojos empezaba a producirse una curación completa. Tuvo que pagar el precio afirmando y leyendo su mente para recibir el don de la curación. Hasta entonces, su mente había estado dividida, puesto que concedía un gran poder a las dietas, el clima, la herencia y otros factores.

Empezó a comprender que el pensador científico no es el que provoca el mundo fenomenológico ni es el causante de nada. La causa de todo es el Espíritu. Dios es la primera causa y es todopoderoso y en cuanto uno se postula otro poder, no hace sino dividir la mente, de tal modo que la mente subconsciente ya no responde a la mente consciente, dividida y confusa. Si, en un ascensor, empieza a apretar los botones de subida y bajada, ni ascenderá ni descenderá, sino que se quedará donde está.

Cómo aumentar su fe

La fe surge con la comprensión de las leyes de la mente y su aplicación diligente a todos sus asuntos. Puede aumentar la fe de la misma forma que un farmacéutico aumenta sus conocimientos de química, lo que le permite producir maravillosos compuestos para aliviar la aflicción humana y las angustias de la vida. Los científicos están aumentando gradualmente su fe gracias a su constante investigación de la naturaleza y de sus leyes, y están consiguiendo grandes cosas.

El campesino tiene que depositar las semillas en la tierra para obtener una cosecha. Tiene que dar para poder recibir. Y, para recibir, antes tiene que haberle dado a su mente. Antes de alcanzar riquezas, tiene que haber impreso en su mente subconsciente la idea de la riqueza y aquello que quede impreso en ella quedará expresado a su vez en la pantalla del espacio.

La atención y la perseverancia producen dividendos

A Einstein le encantaban las matemáticas, que le revelaron sus secretos. Se sentía absorbido y fascinado por el Universo y sus leyes. Dedicó toda su atención, entrega y diligencia al tema del tiempo, el espacio y la cuarta dimensión, y su mente subconsciente respondió revelándole los secretos de esas materias. Edison experimentó, meditó sobre el principio de la electricidad y lo explicó. Sintió el intenso deseo de iluminar el mundo y de servir a la humanidad y la electricidad le reveló sus secretos. Pagó el precio de la perseverancia, la meticulosidad y la seguridad en sí mismo, sabiendo que encontraría la respuesta. Produjo innumerables inventos gracias a que antes había pagado el precio, prestando atención, interés y una completa dedicación a su proyecto, sabiendo, en el fondo de su corazón y de su alma que había una inteligencia subjetiva que le respondería. Se mantuvo firme y perseverante y su mente más profunda jamás le falló.

El amor es la realización de la ley

La autocondena y la autocrítica son dos de las emociones más destructivas, que generan un veneno psíquico que afecta a todo su sistema, privándole de vitalidad, fortaleza y equilibrio, lo que tiene como resultado una debilidad general de todo el organismo. El amor es la realización de la ley de la salud, la armonía, la paz y la abundancia. El amor significa que aquello que desee para sí mismo, debe desearlo también para los demás. Al amar a la otra persona, se irradia paz y buena voluntad hacia ella y se alegra con su éxito y su felicidad.

Hace un tiempo le sugerí a un músico que para destacar en su campo, debía rezar lo siguiente: «Dios es el gran músico. Yo soy un instrumento y un canal para lo divino. Dios fluye a través de mí como armonía, belleza, alegría y paz. Dios juega a través de mí la melodía eterna del amor y, cuando toco, interpreto la melodía de Dios. Me siento inspirado desde lo alto y las cadencias majestuosas llegan hasta mí, revelándome la armonía eterna de Dios.» Al cabo de pocos años, alcanzó un éxito extraordinario. El precio que tuvo que pagar por ello fue atención, veneración y devoción al Ser Eterno del que fluyen todas las bendiciones.

Quedó en bancarrota y ahora es multimillonario

Un hombre que no puede cumplir sus compromisos tiene que pagar el precio y ese precio no es el trabajo duro y quedarse trabajando hasta altas horas de la noche, sino crear en su conciencia la idea de riqueza. El hombre posee todas las cosas por derecho de conciencia. Se pueden trabajar 14 o 15 horas al día y todo ese trabajo será en vano si su mente no es productiva.

El reino de Dios está dentro de usted. Eso significa que la inteligencia infinita, la sabiduría ilimitada y todo el poder de Dios se encuentran alojados en lo más profundo de su mente. Cuenta por lo tanto con las ideas infinitas de Dios, con sólo estar dispuesto a sintonizar y a regocijarse de que Dios le revele todo lo que necesita saber.

Un hombre que vivió cerca de mi casa hace unos cinco años me contó que en 1950 se encontró en bancarrota. Rezó, solicitando guía y pidiéndole a la inteligencia creativa que le revelara cuál había de ser el siguiente paso. Sintió la abrumadora necesidad de dirigirse al desierto y, mientras meditaba allí, se le ocurrió la idea de visitar a su suegro. Le explicó las tremendas potencialidades que preveía y su suegro lo contrató como vendedor y promotor de aquellos terrenos situados en pleno desierto. En la actualidad, tiene su propia empresa y es multimillonario. La facultad de la intuición está dentro de usted. A ese hombre se le enseñó, desde dentro de sí mismo, lo que debía hacer.

La respuesta está dentro de sí mismo

El simple hecho de que desee una respuesta significa que la respuesta ya está presente en el mundo mental y espiritual en el que vive, se mueve y se encuentra su ser. Dios es el que da el don mismo, y el hombre tiene que aprender a recibir el don que Dios ya le ha dado. «Y antes que clamen, responderé yo.» La inteligencia infinita sabe la contestación y responde a su pensamiento.

Hace pocos años visité el Jasper Park Lodge, en Alberta, Canadá. Una de las camareras tenía un problema muy desconcertante y le sugerí que por la noche, antes de acostarse, dejara su petición en manos de su mente subconsciente. Le habló a lo más profundo de su mente de la siguiente manera: «Revélame la respuesta». Se quedó dormida repitiéndose esta frase. Al día siguiente recibió un telegrama de Ontario que solucionaba su problema. Tuvo que pagar el precio pensando en la respuesta, sabiendo que la había. Prestó atención a lo más profundo de su mente y recibió la respuesta por la mañana. Hay algo que tiene usted que hacer antes, para que luego le llegue la respuesta.

Cómo realizar su deseo

La vida universal habla a través de usted ahora, como un deseo. Este principio de la vida le revelará el camino a seguir para la realización de su sueño. Sabe cómo producirlo, pero tiene que abrir su mente y su corazón y recibir de todo corazón el don de Dios.

Expulse de su mente todas las ideas preconcebidas, las falsas creencias y las supersticiones y tome conciencia de que «todo estará preparado si la mente lo está». Eso significa que debe usted ordenar su mente y sus pensamientos para adaptarlos a la antiquísima verdad de que aquello que busca ya existe en la mente infinita. Lo único que tiene que hacer es identificar mental y emocionalmente aquello que desea, su idea, plan o propósito, y darse cuenta de que es tan real como su mano o su corazón. Mientras camine por este mundo convencido de que su oración será contestada, disfrutará de la alegría de experimentar objetivamente su realidad. El invento, en la mente del inventor, es tan real como su homónimo objetivo. Por eso, su deseo o nuevo proyecto también es real desde un punto de vista subjetivo.

Cómo se convirtió en una gran bailarina

Precisamente en el Jasper Park Lodge vi bailar a una joven. Resultó fácil observar la sabiduría, inteligencia, orden y ritmo con los que el todopoderoso fluía a través de ella. Aquella muchacha bailaba para Dios. Recibió magníficos aplausos por un trabajo bien hecho. Se mereció las alabanzas y expresiones de ánimo. Bailó con una gran elegancia, de forma gloriosa y rítmica. Me dijo que su maestra siempre le había dicho que rezara para que Dios bailara a través de ella y su belleza, orden, proporción y sabiduría siempre funcionarían a través de ella. El forcejeo, la fatiga y el trabajo duro y rutinario no son la respuesta. La respuesta se encuentra en la veneración por Dios y en entrar en contacto con su poder.

Cómo los copos de nieve enriquecieron a Henry Hamblin

El ya fallecido Henry Hamblin, de Inglaterra, me dijo que hubo una época en la que se sintió muy presionado financieramente. Un día que regresaba a casa, en medio de la nevada, adquirió repentina conciencia de que la riqueza, el amor y la bondad de Dios eran como los millones de copos de nieve que caían sobre Londres, y añadió: «Abrí entonces mi mente y mi corazón ante las infinitas riquezas que Dios brindaba en ese momento, sabiendo que su riqueza, amor e inspiración caían sobre mi mente y mi corazón como aquellos copos de nieve que caían sobre Londres». A partir de ese momento, la riqueza llegó a él libre, alegre e interminablemente. Y ya nunca le faltaron riquezas durante el resto de su vida. Cambió su conciencia y las cosas le fueron en consonancia con el cambio que se había producido en su conciencia. Londres y su ambiente no habían cambiado. Pero él sí cambió internamente, convirtiéndose en un instrumento para las riquezas de la vida, tanto espiritual como mentalmente y en todos los sentidos.

No existe eso de conseguir algo a cambio de nada

«Fíate de Jehová de todo tu corazón, y no te apoyes en tu propia prudencia. Reconócelo en todos tus caminos, y él enderezará tus veredas» (Proverbios 3, 6).

Póngase, con atención, al servicio de sí mismo y del poder de su mente.

1. No se puede conseguir algo a cambio de nada.
2. El precio a pagar por la curación es la fe en la presencia curativa infinita, pues «según vuestra fe, así se os hará».
3. Puede saber cuándo se ha perdonado a todos porque al encontrarse mentalmente con esa persona no encontrará ningún resquemor.

4. El pensador científico no es el que hace que sucedan las causas externas; se da cuenta de que éstas son efectos, no causas.

5. Se aumenta la fe aprendiendo más y más sobre la interacción de su mente consciente y subconsciente.

6. La perseverancia, la meticulosidad y la seguridad acerca del resultado, producirán fabulosos dividendos.

7. Cuando se ama realmente a la otra persona, se alegra con sus éxitos, felicidad y bienestar general.

8. Su mente tiene que ser productiva ya que, de otra forma, todo su trabajo será en vano.

9. La inteligencia infinita que hay en usted conoce la respuesta y su naturaleza es la de responder a su pensamiento.

10. Identifíquese mental y emocionalmente con su deseo, siga adelante con la suposición de que su oración será contestada y así sucederá.

11. El forcejeo, la fatiga y el trabajo duro y rutinario no son la respuesta. La respuesta se encuentra en la veneración por Dios y en entrar en contacto con su poder.

12. Sintonice con el infinito y se convertirá entonces en un instrumento para las riquezas de la vida, tanto espiritual como mentalmente y en todos los sentidos.

7. Cómo rezar con mayor efectividad

«Por tanto, os digo que todo lo que pidiereis orando, creed que lo recibiréis, y os vendrá. Y cuando estéis orando, perdonad, si tenéis algo contra alguno, para que también vuestro Padre que está en los cielos os perdone a vosotros vuestras ofensas. Porque si vosotros no perdonáis, tampoco vuestro Padre que está en los cielos os perdonará vuestras ofensas» (Marcos, 11, 24-25).

Durante una serie de conferencias pronunciadas en el ayuntamiento de Nueva York en mayo de 1963, un hombre me solicitó una entrevista y me dijo que no podía encontrar trabajo en ninguna parte. Llevaba seis meses sin trabajar. El hombre estaba convencido de que no podría encontrar trabajo. Tenía esposa y tres hijas. Creía ser un fracaso en su vida y le tenía miedo al futuro. Le dije lo siguiente: «Tiene usted un historial laboral magnífico y talentos muy singulares. Es evidente que lo necesitan en el mundo de los negocios y lo único que se interpone en su camino es su creencia en lo negativo. Lo único que necesita hacer es cambiar su mente desde el lado negativo al lado constructivo de la vida. Tiene que depositar la fe en sus poderes internos, en sus capacidades y experiencia, y entonces cambiará toda su vida. En este Universo no hay inadaptaciones y existe un lugar para cada persona. A usted se le necesita y se le desea. No vende usted su edad o sus canas; lo que vende es su talento, capacidades y experiencia, que ha ido acumulando a lo largo de los años. Lo que anda usted buscando, también le está buscando a usted. Hay un empresario que le necesita tanto como usted necesita el puesto de trabajo. Crea ahora en la sabiduría subjetiva de su mente subconsciente, que le dirigirá y le guiará hacia la oportunidad correcta. Acepte ahora el hecho de la guía y se le abrirá la puerta. La vida le creó para un propósito y tiene usted que aceptar su papel en la vida. Puede estar convencido de que ahora mismo recibe guía y la seguirá recibiendo.»

Después del coloquio, redacté una oración especial y le pedí que la repitiera lentamente, en voz alta, convencido de la veracidad de cada palabra que contenía. Le expliqué que creer significa aceptar algo como cierto. La oración decía lo siguiente: «Sé que hay una ley perfecta de oferta y demanda. Estoy instantáneamente en contacto con todo aquello que necesito. Ahora mismo estoy siendo guiado hacia mi verdadero sitio. Se me han concedido mis talentos de una forma maravillosa. Estoy haciendo aquello que más me gusta hacer y tengo unos maravillosos ingresos, coherentes con la integridad y la honestidad».

Al marcharse, el hombre se fue con una actitud mental muy diferente. Había cambiado y de creer que no había respuesta para su problema, pasó a estar convencido de que podía y sería respondido. («Porque de cierto os digo que cualquiera que dijere a este monte: Quítate y échate en el mar, y no dudare en su corazón, sino creyere que será hecho lo que dice, lo que diga le será hecho.»)

Más tarde me llamó al hotel Algonquin, donde me alojaba mientras daba conferencias en Nueva York y me dijo: «Fui guiado hasta el lugar correcto, dije las palabras adecuadas y causé una maravillosa impresión en mi nuevo patrono, que me contrató de inmediato». Este hombre descubrió el enorme beneficio que podemos obtener todos nosotros cuando aprendemos a rezar con mayor efectividad.

Su pensamiento es su oración

Hablando desde un punto de vista general, cada uno de sus pensamientos y sensaciones constituye su oración. En un sentido más específico, la oración es el contacto consciente con la inteligencia infinita que hay dentro de usted. La oración efectiva tiene que basarse en la premisa espiritual de que dentro de usted hay una inteligencia suprema que se convierte en lo que se desea, siempre y cuando aceptemos eso como cierto. La oración efectiva es una actitud mantenida y afirmativa de la mente, que tiene como resultado la convicción. Una vez que su deseo haya sido completamente aceptado subconscientemente, funciona automáticamente como parte de la ley creativa. La verdadera prueba de si se ha alcanzado o no una convicción es que su mente acepte la idea por completo y no pueda concebir lo contrario. Tiene que creer en aquello que desea creer y, cuando lo haga, habrá grabado realmente esa convicción en su mente subconsciente; entonces, su mente subconsciente le responderá en consecuencia.

La oración efectiva exige perdón

Una atractiva mujer de negocios acudió a consultarme. Sufría de un complejo suicida y dijo que se sentía agobiada y aburrida, que detestaba la vida y que no le quedaba nada por vivir. Su historia fue que, estando embarazada, su esposo la abandonó y se marchó a Canadá con otra mujer más joven. Ella tuvo que esforzarse por cumplir los compromisos. Tuvo que atender al negocio y, al mismo tiempo, dedicar atención para criar a su hijo. Su esposo nunca le envió dinero; de hecho, se llevó todo el dinero que tenían en la cuenta corriente conjunta, junto con el anillo de diamantes que le había regalado. Ella no volvió a saber de él, pero los amigos le dijeron que había conseguido el divorcio en Nevada y que ahora vivía en Canadá, casado con la joven con la que había huido.

La mente y el corazón de esta mujer se hallaban corroídos y estaba llena de amargura, resentimiento y una profunda hostilidad. Me dijo: «Veo a otras mujeres felizmente casadas, que tienen esposos cariñosos, mientras que la vida pasa de largo ante mí. Me voy haciendo vieja y me siento muy sola. Es todo tan injusto.»

Le dije que todavía estaba vinculada con su ex esposo, con lazos de odio, de profunda hostilidad y resentimiento. «Eso le produce un complejo de culpabilidad muy arraigado, lo que tiene como resultado una actitud de autocastigo y de temor al futuro. No está preparada para el matrimonio. La Biblia dice: "Y cuando estéis orando, perdonad...". Tiene usted que liberarse por completo de él y perdonarle, al margen de lo que le haya hecho. Eso la liberará de su sentido de culpabilidad y autodesprecio, que es la causa de su angustia suicida. Procure bendecirlo y rezar por él.»

La mujer decidió rezar con frecuencia lo siguiente: «Me desprendo por completo de mi ex esposo. Le perdono plena y libremente y le deseo sinceramente amor, paz, alegría y felicidad con su actual esposa. Me regocijo con su éxito y su bienestar. Le deseo riqueza, prosperidad y paz interior. Le deseo todo aquello que deseo para mí misma. Lo digo convencida, con sinceridad y honestidad. Sé que mi mente subconsciente se empieza a empapar ahora de estas verdades que afirmo. Ya no queda ningún resquemor en mi corazón. El amor de Dios lo ha disuelto y soy libre.»

Recibí noticias suyas unas tres semanas más tarde. Me escribió:

> ¡Ha ocurrido un milagro! He rezado según su fórmula por el bien de mi ex esposo. Entonces me llamó por teléfono desde Quebec, en Canadá y me preguntó por nuestra hija, a la que no conoce. Dijo que durante las últimas semanas se había sentido preocupado por la forma injusta con la que me había tratado y por no haber contribuido de ninguna forma al mantenimiento de nuestra hija. Me envió un cheque por importe de 6.000 dólares y, además, se ocupará de pagar los gastos de la educación de nuestra hija. ¡Todo esto es como un gran sueño!

No fue ningún «milagro», sino el resultado de la oración efectiva. Ella se desprendió de su hostilidad y resentimiento, se desvinculó de su ex esposo y lo perdonó por completo. Siguió así el mandato: «Y cuando estéis orando, perdonad...». Su mente subconsciente respondió entonces al acto del perdón.

En cuestión de apenas un mes todo había cambiado por completo. El abogado de esta mujer le propuso matrimonio y tuve el privilegio de celebrar la ceremonia de la boda. Ella no abrigaba la menor duda de que todo se debía a una ley divina de la atracción, ya que ambos son idealmente compatibles y armoniosos el uno con el otro. Ella aprendió así que la oración efectiva produce fabulosos dividendos.

Su mente subconsciente sabe el «cómo»

En su mente subconsciente hay una inteligencia infinita que responde al pensamiento y a la imaginación de su mente consciente. Tiene que tomar una decisión definitiva en su mente consciente. Debe decidir qué quiere saber y luego confiar en que su mente más profunda le contestará. Al plantearle la petición a su mente subconsciente, debería hacerlo con la absoluta convicción de que posee el «conocimiento para hacerlo» y de que le responderá de acuerdo con la naturaleza de la petición planteada.

La Biblia dice: «Pedid, y se os dará; buscad, y hallaréis; llamad, y se os abrirá. Porque todo aquel que pide, recibe; y el que busca, halla; y al que llama, se le abrirá. ¿Qué hombre hay de vosotros, que si su hijo le pide pan, le dará una piedra? ¿O si le pide un pescado, le dará una serpiente?» (Mateo 7, 7-10).

Con ello, la Biblia está diciendo que si pide pan no recibirá una piedra, sino más bien aquello que ha pedido. Siga pidiendo, buscando y llamando hasta que reciba una respuesta de su mente subconsciente, cuya naturaleza es la de responder. Procure entusiasmarse, y sienta y sepa que hay una solución para cada problema, una forma de salir de cada dilema y que no hay enfermedades incurables pues, para Dios, todo es posible.

Cómo encontró el anillo de diamantes perdido

Veamos una ilustración de lo efectiva que es la oración. Una señora de Los Ángeles perdió un hermoso anillo de diamantes y, durante un tiempo, se sintió bastante perturbada. Entonces, se dijo a sí misma: «¿Cuál es la verdad sobre este anillo?» Y se contestó de la siguiente forma: «En la mente infinita, nada se pierde. Mi mente subconsciente sabe dónde está el anillo y me conduce hacia él.» Al cabo de unos minutos experimentó la necesidad de volver a la parada de autobús de Wilshire Boulevard y Lucerne, donde encontró el anillo en la calle, cerca de la subida al autobús. Por lo visto, lo había perdido al cambiar las monedas, antes de subir al autobús. La verdad la libró de preocupaciones.

Para rezar con efectividad, hay que cambiar la mente para adaptarla a las verdades eternas de Dios, que nunca cambian. No se ruega o se suplica. Simplemente, se reordena la mente y se alinea uno con la verdad.

Cómo recuperó sus pérdidas financieras

Recientemente, a un hombre de negocios le estafaron 15.000 dólares. Alguien que se había ganado su confianza le convenció de invertir en una mina que no existía. Descubrió demasiado tarde que las acciones recibidas no tenían valor alguno. Su hombre de confianza desapareció y las autoridades no le han encontrado todavía.

Este hombre de negocios se recordó a sí mismo ciertas verdades fundamentales básicas que había aprendido, entre ellas que no se puede experimentar una pérdida hasta que ésta se acepta y se reconoce mentalmente. Además, decidió que todas las cosas están presentes en la mente infinita y que el resultado de lo que le sucediera estaría determinado por aquello que él mismo decretara y creyera como cierto. Afirmó sentir y saber lo siguiente: «No se ha perdido nada. Me he identificado mental y emocionalmente con el dinero que entregué a... y mi mente repone mi cuenta en el orden divino.»

Repitió esa misma oración con frecuencia y, al cabo de poco tiempo, recuperó el dinero en el orden divino gracias a otra inversión.

Lindbergh rezó con efectividad

Charles Lindbergh conocía el valor de rezar con efectividad. Casi todos han leído artículos periodísticos sobre su famoso vuelo a París. Cruzó el océano Atlántico sin copiloto, radio o paracaídas, guiado únicamente por una brújula. Se quedó dormido en el avión, a pesar de mantener los ojos muy abiertos y experimentó los poderes superiores de su mente subconsciente que se hicieron cargo, gobernaron y controlaron su mente y su cuerpo, dirigiendo el vuelo e impulsándole a la actividad cuando era necesaria.

Lindbergh, en ese estado en el que su mente razonadora consciente se hallaba suspendida en la somnolencia, fue consciente de la presencia de vagas formas transparentes a su alrededor. Dijo: «Mi cráneo es como un gran ojo». Esos seres cuatridimensionales tenían formas, eran como fantasmas y se comportaron muy amigablemente. Hablaron con cualidades humanas, le transmitieron información rara sobre navegación y le tranquilizaron y consolaron durante todo el viaje. Esas «gentes» amigables no tenían cuerpos rígidos, a pesar de lo cual seguían teniendo el perfil de una forma humana.

Esta experiencia no hace sino ilustrar el poder tremendo que hay en las profundidades de la mente y el hecho de que, cuando se confía plenamente en el subconsciente, siempre se obtiene una respuesta. Lindbergh fue incapaz de escribir en el diario de vuelo o de concentrar la atención en la ruta, pero al despertar avistó Irlanda y se dio cuenta de que sólo se había desviado unos pocos kilómetros de su curso. Este episodio en la vida de uno de los aviadores más grandes del mundo debería transmitirle fe y seguridad en el maravilloso poder que usted tiene.

Cómo triunfar sobre la discordia

Si existiera discordia en su hogar o en la oficina, afirme que Dios es la armonía absoluta y que la armonía reina de una forma suprema en su mente y en la de la otra persona o personas. Siga rezando esa oración hasta que alumbre un nuevo día y desaparezcan las sombras. Esta oración producirá resultados.

Reacondicione sus pensamientos, imágenes y respuestas por el lado de la paz y la armonía. Si viera odio en el otro, practique el conocimiento de que el amor de Dios disuelve todo lo que sea diferente de sí mismo en la mente y en el corazón de esa persona. Esa será una oración efectiva. Lo que es cierto de Dios, también lo es de usted y conocer esa verdad es lo que le hace libre.

Si no conoce la respuesta ante un problema desconcertante, afirme que la sabiduría de Dios le revelará la respuesta y la encontrará.

La cura para todos sus problemas

Dios es el nombre de lo más alto y de lo mejor que hay en su vida, de los principios de la vida y de la forma en que funcionan sus mentes subconsciente y consciente. Allí donde viven el amor, la paz, la armonía y la alegría de Dios, no hay mal, daño o enfermedad alguna. La cura para todos sus problemas consiste en practicar la presencia de Dios, lo que significa llenarse el alma con el amor, la paz y el poder de Dios. Si cree usted en la enfermedad, los achaques y el fracaso que le angustian, siempre encontrará las reacciones correspondientes a sus propias convicciones.

Las grandes verdades de Dios están disponibles para todos los seres humanos, del mismo modo que el Sol brilla para el justo y para el injusto y la lluvia cae para el bueno y para el malo. Lo único que se necesita es tener fe en Dios. El verdadero significado de la fe es la práctica de la presencia de Dios.

Tocar el borde de la túnica

En el octavo capítulo de Lucas se narra una maravillosa historia sobre una mujer que padecía un flujo de sangre desde hacía doce años (probablemente cáncer) y a la que los médicos de su tiempo no podían curar. La Biblia dice que ella se abrió paso entre la multitud y tocó el borde de la túnica de Jesús y quedó curada.

Eso significa, en el lenguaje psicológico de la Biblia, que todo hombre o mujer que sea sincero y que persevere, encontrará la respuesta cuando se abra paso por entre las muchas opiniones, falsas creencias y temores que anidan en su mente y que le impiden la curación, echándolas a un lado y entregándose de corazón a Dios. La mujer de la Biblia se comprometió por completo con la presencia de Dios y confió totalmente en Él. Dios le respondió haciéndole sentir su presencia curativa y ella quedó curada.

¿Se ha entregado a Dios?

¿Se ha entregado a Dios y a su poder curativo? Hace un tiempo oí a un director de ventas hablarle a sus vendedores. Les dijo que lo primero que se tiene que hacer es encontrar a un cliente potencial, el segundo paso consiste en atraer su atención y despertar su interés, el tercero es ganarse su confianza y crear un deseo y el cuarto es saber lo que se ha hecho, lo que permite cerrar la venta.

¿Se ha entregado a Dios? ¿Cree implícitamente que Dios o la inteligencia infinita que hay en usted puede curarle, solucionar sus problemas, hacerle seguir por el camino que conduce a la felicidad y a la paz mental? Si fuera así, se está entregando a su sí mismo superior, o a Dios. Su sí mismo superior es el cliente potencial. Préstele atención a Dios y a su amor. Crea que Dios, que lo hizo a usted, también puede curarlo. Sea sincero y honesto y entréguele a Dios todo el poder, la fidelidad y la devoción. No debe prestar fidelidad ni reconocimiento a ningún otro poder. Entonces, y sólo entonces, se estará entregando a Dios.

Empiece por utilizar su mente de forma correcta, ahora mismo. Niéguese a concederle poder a nadie excepto al espíritu vivo y todopoderoso que hay dentro de usted. Entonces será como la mujer con el flujo de sangre, que consiguió abrirse paso a través de las convicciones de una mente atribulada y tocó mental y emocionalmente la presencia de Dios, lo que tuvo como consecuencia una curación instantánea.

Los cuatro pasos para rezar con efectividad

El primer paso es una completa fidelidad, devoción y lealtad a la única presencia y al único poder: Dios. Ese poder está dentro de usted. Fue el que creó su cuerpo y es el que puede curarlo.

En segundo lugar, debe negarse de forma definitiva, absoluta y completamente a dar poder a cualquier cosa externa o a cualquier otro poder que no sea a Dios. No se da poder alguno al mundo fenomenológico, ni a cualquier otra persona, lugar o cosa.

El tercer paso consiste en apartarse del problema, sea cual fuere éste, la dificultad o la enfermedad, y afirmar con sentimiento y conocimiento: «Dios es, y su presencia curativa fluye ahora por mí, curándome, revitalizándome y llenando de energía todo mi ser. Dios fluye a través de mí como la respuesta, como acción correcta y libertad divina.»

El cuarto paso es dar las gracias por la feliz resolución. Alégrese y diga: «Padre, te doy las gracias por haber encontrado la respuesta perfecta y ahora sé que esto es la acción de Dios. He tocado mentalmente el borde de su manto y he concretado toda la reacción del poder y de la presencia de Dios. ¡Es maravilloso!»

Cómo rezar cuando se está enfermo

Vuélvase hacia Dios, que habita dentro de usted y recuerde su paz, armonía, totalidad, belleza, amor infinito y poder ilimitado. Debe saber que Dios le ama y se preocupa por usted. Al rezar de este modo, el temor se desvanecerá gradualmente.

Si reza a causa de una enfermedad cardiaca, no piense en el órgano como un tejido enfermo, ya que ese no sería un pensamiento espiritual. Los pensamientos son cosas. Su pensamiento espiritual adquiere la forma de células, tejidos, nervios y órganos. Pensar en un corazón dañado o en una alta presión sanguínea tiende a sugerir más de lo que ya padece. Deje de pensar en los síntomas, los órganos o en cualquier parte del cuerpo.

Vuelva su mente hacia Dios y su amor. Debe sentir y saber que sólo hay una presencia y un poder curativos y lo que se deriva de ello: que no hay poder que desafíe la acción de Dios. Afirme serena y amorosamente que el poder animoso, curativo y fortalecedor de la presencia curativa fluye a través de usted, haciéndolo completo. Debe saber y sentir que la armonía, la belleza y la vida de Dios se manifiestan en usted en forma de fortaleza, paz, vitalidad, hermosura, totalidad y de una acción correcta. Procure tomar una clara conciencia de ello y el corazón dañado o cualquier otra enfermedad se disolverán a la luz del amor de Dios.

«Glorificad, pues, a Dios en vuestro cuerpo y en vuestro espíritu» (1 Corintios, 6, 20).

Algunos indicadores provechosos

1. Crea que está recibiendo guía ahora y la recibirá.
2. Todo pensamiento y sentimiento será su oración.
3. La oración efectiva es una actitud mantenida y afirmativa de la mente, que tiene como resultado la convicción.
4. Perdonar es desear sinceramente para el otro aquello que desearía para sí mismo. Desearle, pues, armonía, salud, paz y todas las bendiciones de la vida.
5. La fe tiene que basarse en la comprensión de que cuando se invoca la inteligencia infinita, cuya naturaleza es la de responder, se obtendrá una respuesta.
6. Siga pidiendo, buscando y llamando y su mente subconsciente le responderá.
7. Su mente subconsciente sabe dónde está el artículo perdido. Convoque su sabiduría y ésta le responderá.

8. No puede experimentar pérdida a menos que la acepte en su mente.

9. Al confiar en el poder de su mente subconsciente, siempre obtendrá una respuesta.

10. El indicador de la presencia de Dios en usted es la presencia de paz, armonía, abundancia y una salud perfecta.

11. Dios es el nombre de lo más alto y de lo mejor que hay en su vida, del principio de la vida y de la interacción armoniosa de sus mentes consciente e inconsciente.

12. Entréguese de todo corazón a la presencia de Dios y Él le responderá y le hará entero.

13. Se entrega a Dios cuando cree que la misma inteligencia creativa que le creó le puede curar.

14. Los cuatro pasos de la oración científica son:

1. Reconocimiento de la presencia curativa.

2. Aceptación completa del único poder.

3. Afirmación de la verdad.

4. Regocijarse y dar las gracias por la respuesta.

15. Deje de pensar en los síntomas, órganos o cualquier parte del cuerpo. Sienta y sepa que la infinita presencia curativa fluye a través de usted en forma de armonía, salud y paz, haciéndole enteramente completo.

8. Levántese y ande

La doctora Evelyn Fleet, directora del Foro de la Verdad Psicológica en Londres, y asociada allí del autor, me habló de un amigo suyo que se había visto afectado durante muchos años por la artritis. Había tomado toda clase de medicamentos y recibido las mejores formas de terapia médica, sin resultados. La doctora Fleet dijo que, una noche, este hombre se levantó en su club de Londres y demostró a todos los presentes cómo podía flexionar los dedos, doblar las piernas y hacer todas aquellas cosas que no había podido hacer hasta entonces, inmovilizado por la artritis, debido a que las articulaciones estaban llenas de depósitos calcáreos que le producían la deformación de las manos y las piernas.

Su historia fue la siguiente: después de muchos años de terapia, desesperado, le dijo a su médico de Harley Street: «¿No se puede hacer nada? ¡Tengo que curarme!»

El médico le contestó: «Sí, creo que se puede curar, siempre y cuando sea capaz de eliminar de su alma toda esa amargura, mala voluntad y hostilidad».

Aquel fue el momento más crucial de su vida. De repente, experimentó el intenso deseo de ponerse bien y tomó mentalmente la decisión de limpiar su mente de una vez por todas. Se dio cuenta de que había venido abrigando viejos agravios y enojos y que se había visto agobiado por el resentimiento y el espíritu de revancha hacia una serie de personas. Además, se había condenado a sí mismo porque en algún momento de su vida le había desfalcado una gran suma de dinero a un pariente suyo para el que trabajaba. Nunca había solucionado aquel asunto y tenía la sensación de estar siendo castigado por su «pecado», como él mismo lo llamaba. Dijo que su trastorno físico le estaba destinado, que lo merecía y que Dios le castigaba.

Acudió a la doctora Fleet, quien le dijo lo que Jesús le dijo al hombre paralítico: «Ten ánimo, hijo; tus pecados te son perdonados» (Mateo 9, 2). «...Porque, ¿qué es más fácil, decir: los pecados te son perdonados, o decir: levántate y anda?» (Mateo 9, 5). La doctora Fleet le dijo a su amigo que se perdonara a sí mismo e hiciera las paces con su pariente. El hombre devolvió el dinero de forma anónima y con ello experimentó una tremenda sensación de alivio. Siguiendo la sugerencia de la doctora Fleet, preparó una lista de todos aquellos hombres y mujeres a los que odiaba y con los que abrigaba resentimiento y empezó a bombardear diariamente a cada uno de ellos con pensamientos amorosos, amables y armoniosos. Se perdonó a sí mismo por haber abrigado to-dos aquellos pensamientos negativos y vengativos durante tantos años. Llenó diariamente su mente con los pensamientos de los Salmos 23 y 91 y afirmó constantemente: «El amor de Dios limpia mi mente y mi corazón y me siento entero».

La doctora Fleet me presentó a ese hombre a principios de agosto de 1963; era un ser lleno de vitalidad, fuerte, alerta, pletórico de vida y de amor.

El secreto de su curación

Estaba convencido de que tenía derecho a estar bien. Mientras creyó que debía ser castigado, mantuvo la enfermedad que lo paralizaba. Al darse cuenta de que lo único que tenía que hacer era perdonarse a sí mismo, perdonar a otros, arreglar las situaciones allí donde fuera posible y convencerse de su derecho a gozar de una salud perfecta, su mente subconsciente no tardó en responder. Este hombre comprendió los poderosos beneficios que tenía el perdonarse a sí mismo y a los demás para su salud, paz mental y vitalidad. «Porque, ¿qué es más fácil, decir: los pecados te son perdonados, o decir: levántate y anda?» (Mateo 9, 5).

Dejó las muletas

En febrero de 1963 hablé ante un grupo de hombres de negocios en Hong Kong y uno de los presentes me contó todas las razones por las que no podía curarse de su enfermedad. Tenía toda clase de excusas y justificaciones. Le echaba la culpa al tiempo, al pasado, a las enfermedades, las circunstancias, la herencia y otras cosas. Con todo ello, daba prioridad a los elementos externos, antes que a la infinita presencia curativa que había en él. Sus amigos le dijeron que nunca se curaría, que Dios le castigaba, que había ofendido a Dios y que debía resignarse a su enfermedad.

Padecía de una pierna ulcerada desde hacía cinco o seis años que le causaba un dolor muy intenso y cojera, por lo que necesitaba utilizar muletas de vez en cuando. La pierna se le curaba a veces y luego reaparecía el dolor. Dijo que su padre padeció de lo mismo y que, por ello, suponía que se trataba de algo hereditario. Afirmó que ya se había resignado a su enfermedad.

Le expliqué entonces el significado de la siguiente cita bíblica: «Levántate, toma tu lecho, y anda» (Juan 5, 8). En otras palabras, deje de permanecer tumbado en el lecho de su mente, escuchando todas esas falsas sugerencias sobre otros poderes. Tome el poder de Dios en su mente y convoque su presencia curativa y ésta fluirá a través de usted, llenándolo de vitalidad, de energía, transformándolo y haciéndolo completo.

Este hombre dejó de temer y de esperar una recaída. Durante unos cinco a diez minutos por la mañana y por la noche, afirmaba con profunda convicción: «Tengo un socio silencioso, una presencia curativa que sabe cómo curar y esa presencia curativa produce ahora mismo la belleza de la totalidad. Estoy convencido ahora de que mi socio silencioso está saturando todo mi ser con su amor, belleza y perfección.»

Este ligero cambio en su forma de enfocar la situación le permitió abandonar la cojera y el dolor y dirigirse hacia un estado de salud radiante. En junio de 1963 recibí una carta suya en la que me decía que había quemado las muletas y que ahora caminaba como un hombre libre y feliz. Había decidido levantarse y caminar por medio del poder de Dios.

El poder está en usted

Hace unos pocos años me alojé en un hotel de Madrid y, al unirme a la cola que avanzaba con lentitud hacia la recepción, escuché al empleado, que trataba de apaciguar a una mujer muy enojada e iracunda y que le llamó estúpido y tonto y le dijo que deberían despedirle.

Fue interesante observar la reacción del hombre, que contestó: «Lo siento, señora. Tiene que haber algún error. Según nuestros datos, no encuentro ninguna reserva a su nombre. Pero no se preocupe, haré todo lo que pueda por encontrarle algo.»

Ella continuó con sus invectivas, puntuadas a intervalos por el empleado, que se limitaba a decir: «Sí, señora» y «Lo siento mucho, señora y créame que yo, en su lugar, sentiría lo mismo».

Observé a este hombre joven. No había acritud alguna en su respuesta. No aparecía ningún color más intenso que otro en sus mejillas; no demostraba ninguna molestia o irritación. Miraba serena y desapasionadamente a la señora de Nueva York y se mostraba afable, agradable, cortés y bastante eficiente.

Al llegar ante el mostrador, le dije: «Admiro su compostura. Es para felicitarle.» Entonces, me citó un texto, perteneciente al versículo 19 del vigesimoprimer capítulo de Lucas: «Con vuestra paciencia ganaréis vuestras almas».

Este joven estudiante universitario no permitió que las invectivas de aquella mujer le alterasen lo más mínimo. Dominó en todo momento sus pensamientos y respuestas. Me dijo que todos los empleados del hotel, las camareras, botones, doncellas y chóferes eran estudiantes procedentes de diversas universidades europeas que trabajaban durante los meses de verano para pagarse los estudios. Poseía una paciencia que implicaba madurez, salud mental, comprensión filosófica y seguro que habrá seguido ascendiendo.

Tenga constantemente en cuenta que el poder está en usted, no en los demás.

Un tartamudo se convierte en conferenciante

Un profesor le dijo una vez a quien escribe esto que nunca llegaría a ser un conferenciante público y que sería mejor olvidarlo. Por aquella época, yo era un muchacho y tartamudeaba bastante. Mi reacción fue de cólera y me dije a mí mismo: «Ya le enseñaré yo. Hablaré en público ante miles de personas.» Mi mente subconsciente respondió en consecuencia y me produjo la convicción necesaria para superarme. Instintivamente, rechacé lo que aquel profesor me había sugerido. Si hubiese aceptado aquella declaración negativa, me habría convertido en víctima de la autohipnosis e, indudablemente, nunca habría llegado a ser un conferenciante público.

Cómo llegó a ser cantante

Un profesor de Viena le dijo a la señora Schumann-Heink que no tenía voz y que debía regresar a su casa y convertirse en una buena ama de casa. Ella rechazó la sugerencia y se negó a aceptar el veredicto. Estaba convencida de que el Dios que le había dado la voz para cantar le mostraría el camino a seguir y le abriría la puerta, como efectivamente sucedió. Todos nosotros conocemos las majestuosas cadencias y canciones que llegó a producir.

Conquistar la inferioridad y rechazar los complejos

Le dije a una joven que conocí en una tienda de Los Ángeles: «Es usted una joven muy hermosa y encantadora». Ella me replicó: «Oh, no me diga eso. Mi madre dice que soy la más fea y desgarbada de toda la familia.»

La muchacha estaba convencida de que eso era cierto, pero cambió de opinión al darse cuenta de que había sido víctima de las sugerencias negativas por parte de su madre. Captó rápidamente el funcionamiento de su mente subconsciente en cuanto implanté en su mente el concepto de que es una hija de Dios, con poder y sabiduría infinitos. Ahora está configurándose una verdadera imagen de sí misma como hija de Dios y se siente mucho más equilibrada, serena y segura de sí misma.

Afirmar «Soy hijo de Dios» y en el instante siguiente decir «Soy fea y desgarbada» crea un conflicto mental que tiene como resultado un profundo complejo de inferioridad y rechazo.

El poder del pensamiento

«Un hombre es lo que piensa en el fondo de su corazón.» El pensamiento es el único poder creativo que hay en usted. Debería pensar desde el punto de vista de Dios y de las verdades eternas, y no desde el punto de vista de la opinión humana, las falsas creencias y la propaganda del mundo.

La verdad sobre usted es que Dios busca expresión a través de usted, que es un instrumento de lo divino y debería empezar ahora a realizar el poder de sus propios pensamientos, ideas e imágenes mentales. Niéguese a permitir que su mente se vea llena de falsas impresiones y de visiones fugaces y parciales de las verdades de Dios. Si lo que desea hacer es ascender espiritualmente, tiene que dejar de una vez por todas de conceder poder a enfermedades, circunstancias, personas o cualquier cosa externa o creada. El único poder es Dios y es usted uno con Dios al pensar: «Dios es la única presencia y el único poder. Mis pensamientos son los de Dios y el poder de Dios está con mis pensamientos buenos.»

Dios es el Espíritu que vive en usted, que lo creó a usted y que intenta expresarse como armonía, alegría y paz a través de usted. No hay poder inherente en las sugerencias de otra persona, ya se trate de un clérigo, un médico, un periodista o lo que sea. Las sugerencias de temor y de impotencia no causarán efecto alguno sobre un ser humano lleno de fe en Dios y en todas las cosas buenas.

La radio, la televisión y los periódicos nos bombardean continuamente con sugerencias de todo tipo, tanto buenas como malas, pero muchas personas no se sienten afectadas por ellas. Del mismo modo, tiene usted en sí mismo el poder para rechazar todas las sugerencias negativas y destructivas, porque su pensamiento es el único poder creativo y puede elegir sus propios pensamientos.

Se moría lentamente

Hace unos años visité a un viejo amigo en Hawai. Según me dijo, era víctima de una maldición de un Kahuna y se estaba muriendo lentamente. Los médicos hicieron lo que pudieron por aliviar la progresiva parálisis, pero todo fue en vano. Él sabía que era la víctima de una diabólica sugerencia emitida por una determinada oración mortal. En su mente, nunca había razonado que sólo existe un poder y que en ese poder no hay divisiones ni disputas. Una parte de Dios no puede enfrentarse a otra parte. Su naturaleza fundamental es la unidad y el amor.

Le expliqué que no existía ningún poder maligno, ningún diablo, salvo su propio temor e ignorancia. Poco a poco, empezó a comprender que estaba siendo víctima de una autohipnosis, que había aceptado la sugerencia de la muerte, que la había hecho propia y que su mente subconsciente no hacía sino proceder a producir la muerte en su cuerpo. Este hombre se hallaba relacionado emocionalmente con una nativa hawaiana que intentó vengarse cuando él se casó con otra mujer de su misma raza y religión.

Le visité durante varios días seguidos y le dije que había visto a su antigua compañera y que todo estaba bien. Le había levantado la maldición y le aseguré que se encontraría perfectamente bien en el término de pocos días. ¡Todo eso me lo inventé yo mismo! No había visto a su ex compañera, al Kahuna o a nadie relacionado con él. No hice sino emplear una vieja estratagema. Le ofrecí a mi amigo una contrasugerencia que neutralizó aquella otra con la que se había impregnado su mente.

La sugerencia de la salud y de la recuperación perfecta dominaba ahora en su mente. La mente subconsciente acepta en todo momento la parte dominante de dos días. Así pues, el hombre se levantó y echó a andar, plenamente recuperado y ahora vive en Irlanda, con su esposa irlandesa. Le sucedieron las cosas en las que él mismo creía. Se convenció de que le habían levantado la llamada maldición, aceptó mi sugerencia y su mente subconsciente respondió en consecuencia.

Desarrollar serenidad y equilibrio

Todos sus temores, ansiedades y presentimientos vienen causados por su creencia en poderes externos y en agencias malevolentes. Todo eso se basa en la ignorancia. El único poder creativo inmaterial del que es consciente es su propio pensamiento y una vez que sea consciente del poder creativo de su pensamiento y de que los pensamientos son cosas, se verá inmediatamente desprovisto de todo sentido de vinculación y de esclavitud con respecto al mundo.

El pensador científico no da poder a las cosas, las enfermedades, las personas o las circunstancias. Está lleno de serenidad, equilibrio y ecuanimidad porque sabe que son sus pensamientos y sentimientos los que moldean, configuran y forman su destino. No teme a nada ni a nadie, pues el único enemigo que puede tener es su propio pensamiento negativo o temeroso. Al pensar en el bien, de ello se desprende el bien; al pensar en el mal, se deriva el mal. Escriba indeleblemente las palabras de esta frase en su corazón. Deje de transferir un poder que sólo está dentro de sí mismo a varillas, piedras y a las opiniones estúpidas de los demás.

Las ideas falsas no tienen poder alguno

La Biblia dice: «¿Quieres ser sano?» ¿Cree realmente que la presencia de Dios puede curarle ahora? ¿Cree implícitamente en la infinita presencia curativa que hay en usted, o cree acaso que la enfermedad es independiente de su mente? ¿Cree tener una enfermedad incurable? ¿Cree que la voluntad de Dios con respecto a usted es la enfermedad, el dolor y los problemas? Si cree estas cosas, los pensamientos de impotencia, enfermedad y sufrimiento le están privando de salud, vitalidad y paz mental. Las ideas falsas no tienen otro poder que el que usted mismo les conceda.

«Tu fe te ha salvado.» Abra la mente y el corazón al poder curativo de Dios y el poder curativo fluirá en usted con la misma seguridad con la que la luz y el calor del sol entran en su habitación cuando abre las persianas para que entren, y del mismo modo que el aire ambiente se precipita a llenar el vacío en cuanto se abre la manguera de conexión.

¿Ha hecho inventario de todo lo que tiene almacenado en su mente? ¿Está su mente atestada de una gran cantidad de falsas creencias, conceptos e imágenes que no tienen valor alguno? ¿Por qué no liquidar todos sus falsos conceptos tradicionales de Dios y de la vida? ¿Por qué no aceptar la convicción en la existencia del único poder creativo que está en usted mismo y aceptar que la voluntad de Dios con respecto a usted es una vida más abundante y buena, incluso más allá de sus mejores sueños?

Por qué nadie puede lavarle el cerebro

Preste toda su atención, amor, veneración y devoción a la inteligencia de la que todo se deriva, como la fuente de su salud, felicidad, seguridad y paz mental y le sucederán verdaderas maravillas en su vida. Deje de estar hipnotizado, de permitir que el temor, la ignorancia y las supersticiones del mundo le laven el cerebro. Si se niega a concentrarse en lo que se dice y, en lugar de eso, se regocija y festeja en Dios y en su ilimitado poder, será libre y nadie podrá lavarle el cerebro.

Esa enfermedad de la que hablé no tiene poder alguno sobre usted. No hay principio alguno que imponga la enfermedad. Eso no es más que una pauta de pensamiento falsa alojada en su subconsciente, algo de lo que tiene que desprenderse si quiere vivir en la totalidad, la belleza y la perfección de Dios. Su pensamiento armonioso pone en marcha una nueva causa que producirá un nuevo efecto, es decir, la salud.

Mantenga la serenidad y el equilibrio. Una persona nerviosa o neurótica, o un fanático religioso es alguien muy maleable. La verdad es una paradoja. Se puede insistir en sentarse cerca de un ventilador que le producirá tortícolis. Eso no es más que una verdad relativa para usted, sólo porque cree en ella, pero el ventilador es en sí mismo inofensivo y no tiene poder alguno. El poder sólo está en su mente y en su espíritu, en sus pensamientos y creencias. Si fuera verdad que un ventilador produce tortícolis, todas las personas la sufrirían. Es la creencia subjetiva del individuo lo que causa la tortícolis.

Su religión es la forma que tiene de vivir

Su religión o conocimiento de las leyes de la mente sirven de bien poco a menos que aplique las verdades de Dios a su vida cotidiana. El verbo (ideas, verdades) tiene que convertirse en carne (materializada en la pantalla del espacio).

Se puede saber cuál es el concepto que tiene una persona de Dios por lo que dice, hace y expresa en su vida. Está usted aquí para representar y retratar a Dios en su trabajo, en sus relaciones con los demás y en todas sus funciones y actos.

Se convierte usted en aquello mismo que condena. Al vilipendiar, criticar y encontrar faltas en los demás, empieza a ejemplificar precisamente aquello que critica. Al mostrarse colérico, hostil y amargado, su mente es mucho más receptiva a las sugerencias negativas, temerosas y odiosas del mundo.

La razón es evidente. En tales casos está funcionando en una vibración muy baja, en la que abre su mente a toda clase de vibraciones coléricas y odiosas que se precipitan hacia ella. Funciona en una longitud de onda muy baja y sintoniza con todas las corrientes negativas de la humanidad existentes en ese nivel de vibración, porque lo similar atrae a lo similar. Entréguele todo el poder a Dios y únicamente a Dios y empiece ahora mismo a volver la mirada hacia las cúspides de donde procede la ayuda. «Con mis ojos posados en ti, ningún mal se interpone en mi camino.»

Sírvase del poder de Dios

1. Puede levantarse y caminar con el poder que Dios todopoderoso ha creado en usted. Perdónese a sí mismo y a todos los que hayan podido herirle; sea sincero en su perdón.

2. Es dueño de sus pensamientos y respuestas ante todas las experiencias. El poder está en usted y no en los demás.

3. Las sugerencias de los demás no tienen poder alguno sobre usted. Su propio pensamiento es su principal poder y puede rechazar todas las sugerencias negativas de los demás.

4. Dios, que le dio el talento para cantar, le abrirá la puerta siempre y cuando usted mismo lo crea así.

5. Puede superar el complejo de inferioridad al darse cuenta de que es hijo de Dios y uno con el poder y la sabiduría infinitas.

6. Sus pensamientos son los pensamientos de Dios y el poder de Dios está en sus pensamientos para el bien.

7. No hay más que un único poder-Dios, dentro del cual no hay divisiones ni enfrentamientos. Una parte de Dios no puede ser antagónica de otra. En cuanto lo entienda y lo admita así, desaparecerán todos los temores.

8. Todos los temores, ansiedades y presentimientos vienen causados por la fe que se deposita en los poderes externos. No hay más poder que el de Dios. Y la ignorancia es el único mal.

9. La voluntad de Dios con respecto a usted es una vida más abundante y buena, incluso más allá de sus mejores sueños.

10. Rechace la creencia en la incurabilidad, despréndase de su hostilidad y dése cuenta de que el amor de Dios puede curarlo.

11. Nadie le puede lavar el cerebro ni hipnotizarlo cuando piensa en Dios, en su poder ilimitado y en su unicidad con el Sapientísimo. «Uno, con Dios, forma una mayoría.»

12. «Con mis ojos posados en Dios, ningún mal se interpone en mi camino.»

9. Superación de los obstáculos

Hace años pronuncié una serie de conferencias en Montreal y una mujer acudió al hotel Mount Royal, donde me alojaba, para consultarme. Lo primero que me dijo fue: «¡Me estoy volviendo loca! No puedo dormir, no me soporto y siento deseos de acabar con todo de una vez.»

Se trataba de una mujer culta, bien educada y vestida y muy hermosa. Era rica y vivía en un apartamento suntuoso. Estaba casada con un destacado hombre de negocios, con el que había tenido tres hijos. Al hablar con ella, descubrí que el mayor obstáculo que se interponía en su felicidad era la condena de sí misma, además de un profundo sentido de culpabilidad, acompañado por un temor anormal al castigo.

Diez años antes de su matrimonio había sido una «call girl» y había practicado la profesión más antigua del mundo. Vivía atenazada por el temor de quedar al descubierto y temía que su esposo descubriera su pasado. Su sentido de remordimiento y autodesprecio era tan abrumador que abrigaba incluso la sensación de no tener derecho a la vida, de no merecer el amor de su esposo y de sus hijos. Dijo que amaba tiernamente a su marido, que era el hombre más amable y exquisito que hubiese conocido. Además, tenía la sensación de no merecer el hermoso hogar que poseía, el lujoso coche o los otros lujos que él le proporcionaba. Durante algún tiempo, había tomado sedantes y se había sometido a atención psiquiátrica, a pesar de lo cual me aseguró: «Nada me ayuda. Estoy podrida por dentro».

«¿Es usted leal y fiel a su esposo ahora?», le pregunté.

«Absolutamente. Desde que nos casamos he intentado ser una madre perfecta y la esposa más entregada y fiel. Adoro a mi esposo.»

Entonces, le dije, lentamente: «Lo único que tiene que curar es el pensamiento presente. Enderece su pensamiento, ahora. Y toda su vida cambiará y estará en armonía y llena de alegría. Todo lo que experimenta es la manifestación externa de los pensamientos y convicciones que abriga en el momento actual. El pasado sólo es el recuerdo que se tiene de él. Los resultados de los acontecimientos del pasado, tanto de los buenos como de los malos, no son sino la expresión de su pensamiento actual. El único dolor y resquemor que puede experimentar es el dolor del momento presente. Enderece el momento presente. Realice en este momento la paz, la armonía, la alegría, el amor y la buena voluntad. Al instalarse mentalmente en estas cosas y afirmarlas, y al olvidar el pasado, se encontrará ante una vida nueva y gloriosa. Ahora es usted una buena mujer y eso es lo único que importa. El pasado está muerto. No importa nada, excepto el momento presente. Ahora es usted una buena esposa y madre y, por tanto, tiene perfecto derecho, también ahora, a todas las bendiciones de la vida».

Le conté la historia del niño que había sido muy malo. Su madre le dio un montón de tareas y deberes que hacer en la casa y lo mantuvo en ella durante una semana. El niño realizó gozosamente todas las tareas y, al final de la semana, le dijo su madre: «Eres un buen niño. Tu trabajo ha sido excelente.»

El pequeño replicó: «Mamá, ¿soy tan bueno ahora como si nunca hubiera sido malo?» «¡Pues claro que sí, cariño! —le contestó la madre—. ¡Qué maravillosa es la verdad!»

Le dije a esta mujer: «Es usted tan buena ahora como si nunca hubiera sido mala». Nunca había observado tal transformación en una persona. Sus ojos y todo su cuerpo parecieron cobrar vida y me dijo: «Me siento como si me hubieran quitado de la espalda una tonelada de ladrillos. Ahora sé que soy buena, que el pasado está muerto y no tiene poder alguno sobre mí.» Se marchó rejuvenecida, inspirada, animada, exaltada y casi extasiada.

El pasado era su mayor obstáculo. Ahora es libre porque se dio cuenta de los magníficos beneficios que se alcanzan en cuanto nos damos cuenta de que lo único que tenemos que hacer es cambiar nuestro pensamiento presente para cambiar toda nuestra vida.

Puede encontrar la respuesta

La solución está en el problema. La respuesta está implícita en cada pregunta. Si se encuentra ante una situación difícil y no puede ver su camino con claridad, lo mejor que puede hacer es suponer que la inteligencia infinita que lo sabe todo conoce la respuesta y se la revelará ahora. Esa nueva actitud mental de creer que la inteligencia creativa le aportará una solución feliz, le permitirá encontrar la respuesta. En cuanto empiece, la inteligencia infinita le responderá. Puede estar seguro de que tal actitud producirá orden, planificación y significado a todo lo que emprenda, permitiéndole superar todos los obstáculos.

Dejó de criticarse a sí misma

Si realmente lo desea, puede usted cambiar su vida por completo. Debe abandonar el resentimiento y la mala voluntad para disfrutar de una buena digestión y de una salud perfecta. El pensamiento negativo tiene que ser sustituido por el pensamiento constructivo para poder avanzar y seguir adelante en la vida.

Conocí a una mujer joven que tenía una hermosa voz para el canto, a pesar de lo cual se despreciaba constantemente, se desmotivaba y criticaba, al decir: «No tengo ninguna posibilidad. Soy demasiado vieja. No conozco a las personas adecuadas.»

Tuvo que dejar de condenarse a sí misma para conseguir lo que deseaba. Decidió enamorarse de un nuevo concepto de sí misma. Se imaginó cantando ante un público y se sintió entusiasmada, fascinada y absorbida por la alegría que ello le producía. Se le abrió así una nueva puerta de expresión porque abandonó su forma antigua de pensar y afirmó la verdad sobre sí misma.

Tiene que desear el cambio

¿Hasta qué punto desea ser realmente una nueva persona? ¿Desea cambiar realmente las condiciones, experiencias y toda su personalidad? La primera exigencia es que tiene que tomar una decisión mental clara y definitiva de que va a transformar su vida. Tiene que desear el cambio con todo su corazón y dejar de ser una máquina de propaganda que se repite incesantemente todos los viejos conceptos, ideas y creencias estereotipadas que se implantaron en su mente subconsciente desde que nació. Cambie sus pensamientos y cambiará su destino.

Por qué fue innecesario el divorcio

Una mujer me escribió para decirme que estaba a punto de divorciarse de su esposo porque se comportaba de un modo tiránico en casa y sus hijos sentían terror ante él. Al hablar con él, descubrí que era víctima de temores reprimidos desde hacía mucho tiempo. Además, su padre había sido indebidamente duro y estricto con él. Aún experimentaba mucho resentimiento hacia su padre, a pesar de que éste ya había fallecido y pasado a la siguiente dimensión de la vida. Comprendió mi diagnóstico, según el cual no hacía sino tratar de replicar inconscientemente contra el padre mediante la actitud despótica y tiránica adoptada con sus propios hijos. El hombre tenía que experimentar el deseo de cambiar para salvar su matrimonio.

Se desvinculó de su padre mediante la oración, deseándole armonía, alegría, paz y todas las bendiciones de la vida; siguió manteniendo esta misma actitud hasta que se marchitaron las raíces del odio. Adoptó una pauta de oración basada en la meditación en los Salmos 23, 27 y 91 en tres períodos concretos: mañana, tarde y noche. Finalmente, descubrió que la oración era un buen hábito. Cambió de pensamientos y eso le permitió mantener el cambio personal. Como consecuencia de ello, su hogar es ahora un lugar pacífico y feliz y sus hijos le adoran. Es posible desenredar esa enrevesada madeja y llegar hasta el núcleo del asunto.

Cómo venció el amor

Un marido inició el procedimiento de divorcio contra su esposa; se quejaba, sobre todo, de que ella era demasiado derrochadora. Al hablar con ella, descubrí que nunca había obtenido verdadero aprecio, comprensión o aprobación por parte de su esposo. Se sentía muy insegura y, en realidad, trataba de adquirir con dinero la profunda sensación de seguridad que siempre le había faltado.

Decidieron convertirse en verdaderos compañeros y socios, de modo que él compartió con ella todo lo que sabía sobre su negocio y le demostró que estaría bien provista en el caso de que le sucediera algo. Empezaron a rezar juntos todas las noches, pidiendo armonía, salud, paz, guía de Dios y la realización de las acciones correctas, y todas sus dificultades se empezaron a disolver a la luz del amor de Dios.

Permita que el amor de Dios penetre en sus pensamientos, palabras y acciones y todo su mundo se fundirá mágicamente a imagen y semejanza de aquello mismo que contemple en su interior. A veces descubrirá que unos problemas que parecían tener proporciones gigantescas quedan reducidos a un tamaño tan infinitesimal que hasta parecen ridículos.

El primer paso para vivir victoriosamente

Hay alcohólicos que no quieren curarse; no desean abandonar sus obstáculos mentales, como agravios, molestias, autocondenas, resentimientos y mala voluntad. Cuando un alcohólico admite serlo y experimenta un deseo fuerte y saludable de libertad y paz mental, está ya curado en un 51%. En cuanto imagina la libertad, la sensación de logro y de extensión en el camino correcto, se sentirá apoyado por el poder del todopoderoso y, entonces, los temblores y los anhelos quedarán eliminados automáticamente, sustituidos por la alegría que ha encontrado ante sí.

Todos nosotros deberíamos empezar a eliminar los viejos puntos de vista aceptados hasta ahora, las opiniones y falsas creencias implantadas en nuestras mentes cuando éramos jóvenes e impresionables. El ser humano medio piensa y expresa los pensamientos de los muertos; el pasado muerto parece gobernar en la mente de millones de personas. He hablado con personas a las que no se les había ocurrido una idea o punto de vista nuevo en 50 años.

¿Es usted una víctima de la propaganda o piensa por sí mismo? Una mujer me dijo que sabía exactamente cómo iba a responder su marido a los titulares del periódico, a los periodistas, a ciertos políticos y que podía incluso repetir palabra por palabra sus reacciones ante los temas religiosos. Ese hombre es como los niños de la China roja, condicionados a pensar, hablar, actuar y reaccionar según una pauta preestablecida; esos niños se convierten en especie de fonógrafos que reproducen aquello que se les ha grabado. La grabadora es la mente subconsciente, que reproduce fielmente lo que ha quedado impreso en ella.

No nació usted para ser un autómata; debería pensar por sí mismo. Deje de permitir que sean otros los que piensen y hablen en usted y por usted. Niéguese a permitir que los demás despojen y contaminen su mente con pensamientos de temor, odio, malicia, enfermedad y mala suerte. Si tiene la oreja preparada y escucha los prejuicios y temores de los demás, puede contaminarse del mismo modo.

La causa del bloqueo de la felicidad matrimonial

El siguiente es un caso en el que una «muerta» habló y actuó a través de un padre joven. Estaba a punto de divorciarse de su esposa porque no obligaba a los niños a arrodillarse y rezar cada noche, antes de acostarse. Su bloqueo mental consistía en ser el hijo de una madre excesivamente quisquillosa que era una especie de fanática religiosa. Siempre había insistido en que su hijo se arrodillara, antes de acostarse a dormir, y repitiera maquinalmente ciertas oraciones preestablecidas. De niño, él se había visto afectado por este procedimiento previo a acostarse y había reprimido en su mente subconsciente una rebelión contra el «castigo» de su madre.

Desde un punto de vista psicológico, este padre joven trataba de hacer las paces con su madre al imponer el mismo ritual religioso a sus tres hijas, que él se viera obligado a seguir cuando era un muchacho. Su esposa tenía la costumbre de enseñar a sus hijas unas pocas oraciones sencillas cuando ya estaban acostadas, resaltando que Dios es un Dios de amor y que él cuidaría de ellas como un padre amoroso.

Le expliqué a este joven padre la razón de su resentimiento hacia su esposa, señalando que ella había frustrado inconscientemente el deseo de venganza de él, produciéndole sentimientos de hostilidad que proyectaba sobre ella. Se dio cuenta entonces de que el bloqueo mental que se oponía a la felicidad matrimonial estaba dentro de sí mismo; en consecuencia, aceptó de buena gana la interpretación. En su caso, la explicación de lo que sucedía supuso la curación.

¿Está usted gobernado por los muertos del pasado?

Hace años leí un artículo en un periódico inglés sobre lord Northcliffe, del Times de Londres, que hablaba de un hombre que cada sábado por la tarde acudía al edificio del Times, entraba en una determinada estancia que era un dormitorio y permanecía allí hasta el siguiente lunes por la mañana. Lord Northcliffe le preguntó un día al hombre por qué hacía eso y éste le contestó que llevaba veinticinco libras de oro del banco para el fin de semana, por si se necesitaban. Lo más extraordinario fue que cuando lord Northcliffe llamó al banco para conocer la razón, le dijeron que otros hombres con la bolsa de oro llevaban ocupando esa misma habitación los fines de semana desde hacía cien años.

Todo ello se debía a una orden emitida por el propietario del Times durante la batalla de Waterloo, en 1815, que ocurrió en un domingo. En aquella época, el editor del periódico quiso enviar a sus hombres para que informaran sobre el curso de la batalla, pero no encontró dinero suficiente para pagar los gastos de la expedición. Al día siguiente estableció un acuerdo con un banco de Londres para que éste, antes de cerrar el sábado por la tarde, enviara mil libras esterlinas en oro al edificio del Times. Este es un buen ejemplo del pensamiento de un muerto que gobierna una gran institución bancaria durante más de cien años, lo que tiene como consecuencia un despilfarro de tiempo, dinero y esfuerzo.

Elimine las sombras de su mente

¿Está repitiendo las mismas y viejas pautas de pensamiento, pasando por los mismos movimientos y reacciones mentales que hace 30 o 40 años? ¿Se ha planteado alguna vez cuáles son sus prejuicios, temores, predisposiciones y celos? ¿Por qué anidan todavía en su mente? ¿Por qué no ha consultado con nadie acerca de sus anormales temores? Si lo hubiera hecho, habría descubierto que no son más que un conglomerado de sombras siniestras en su mente y que ninguna sombra tiene poder alguno.

¿No le parece que aquello que tanto teme no es más que un pensamiento en su mente? Allí donde habita Dios no hay temor alguno. Debería comprobar todas sus convicciones y descubrir su fuente y su origen. Tome ahora mismo una decisión definitiva: no crea en nada que no comprenda. Aprenda a conocer su mente subconsciente y el poder de su propio pensamiento y descubrirá que el principio curativo está dentro de sí mismo.

No monta en una mula para ir a San Francisco, como pudieron hacer algunos de sus antepasados; tampoco envía un mensaje a Chicago por el pony express. Del mismo modo, no debería permitir que los muertos, las supersticiones, las creencias ignorantes de sus antecesores sean las que gobiernen, rijan y manipulen su mente. Muchas personas creen que las circunstancias de su vida pueden cambiar por la simple repetición de un hechizo, sin cambiar su mentalidad; en consecuencia, están condenadas a la decepción.

Por qué no conservaba a sus empleados

Un hombre de negocios se me quejó de que no lograba conservar a sus empleados y de que en su empresa se producía una continua rotación de personal. Descubrí que tenía muy mal genio y que era eso lo que ahuyentaba a sus empleados. Él se dio cuenta de que el obstáculo se hallaba dentro de sí mismo y decidió cambiar sus pensamientos y mantenerlos cambiados. Rezó para que la inteligencia infinita atrajera hacia él a empleados capaces de apreciar y amar el trabajo y también que se sintieran adecuadamente compensados. Además, rezó por la paz, la armonía, la prosperidad y la felicidad de cada empleado. Empezó así a irradiar amor y buena voluntad hacia todos sus clientes, su esposa y sus hijos. Convirtió el rezo en un hábito, pues rezar es un hábito. Ahora, este hombre ya no tiene ningún problema con sus empleados y socios de negocios.

Por qué nunca prosperaba su negocio

Un hombre me escribió para decirme que desde hacía dos años venía rezando para lograr prosperidad en su negocio, sin resultado alguno. Tenía algunos destellos de verdad espiritual, pero su actitud de resentimiento profundamente enraizado hacia un socio de negocios, financieramente próspero, se expresaba automáticamente en forma de dificultades financieras, enfermedad y frustración.

Le pregunté hasta qué punto deseaba realmente lo que decía desear. ¿Lo suficiente como para abandonar su actitud hostil? Una transacción no se produce nunca sin intercambio. El hombre empezó a comprender que era envidioso y que se tomaba con resentimiento la prosperidad de su competidor. Entonces, con toda franqueza, le pregunté: «¿Prefiere el resentimiento y los celos a la prosperidad y la paz mental?» Al ver la luz, empezó a rezar por un mayor éxito y prosperidad de su competidor. La oración siempre prospera.

El obstáculo que impide nuestra salud, felicidad y logro siempre está en nuestra propia mente y la comprensión espiritual hará que nuestras circunstancias mejoren en todos los aspectos. Por el contrario, el deseo de alcanzar verdadera comprensión espiritual se expresa en forma de toda clase de dificultades.

Por qué se retrasa la respuesta

Si parece existir un indebido retraso en la obtención de una respuesta a nuestra plegaria, puede deberse a que la dificultad se halla profundamente arraigada en la mente subconsciente, lo que exige más oración o quizá porque no está rezando del modo correcto. En tal caso, pídale a la inteligencia infinita que le revele lo que necesita saber. Y así lo hará.

Cuando un hombre dice que debe tener una prueba para el lunes o el martes de la semana que viene, ya que en caso contrario el juez dictaminará contra él, o que perderá su empresa a menos que consiga una respuesta inmediata, tiene que recordar que Dios nunca falla, que Dios nunca llega tarde y que Dios es independiente del tiempo y del espacio.

El tiempo no importa realmente, pues la oración obtiene resultados, al margen de lo que diga el tribunal en un determinado día. Hay que tener fe en que Dios lo endereza todo, independientemente de lo que suceda el próximo lunes o martes. Hay que seguir adelante, sabiendo que la oración siempre gana, al margen e independientemente de lo que haya ocurrido.

Cómo amar la ley de la vida

«Mucha paz tienen los que aman tu ley; y no hay para ellos tropiezo.» Al amar la ley de que el pensamiento es creativo y de que el Espíritu fluye a través de las pautas de su pensamiento y de su imaginación creativa, se alejará de toda mórbida introspección y de todo concepto negativo. Cuando surge el impulso del abatimiento, le estimulará a pensar en verdaderos objetivos e ideales, infundiendo energía a sus deseos, aspiraciones y ambiciones, en lugar de dárselos a las condiciones y las circunstancias. Ame a su ideal hasta que se sienta absorbido y enfrascado en él. Deje que los pensamientos viejos y sin valor mueran. Ame las nuevas pautas de vida, atractivas y elevadoras. El mundo exterior quizá discuta con el mundo interior de sus sueños e ideales. Recuerde que lo exterior sólo es el efecto, no la causa. Procure que la energía, vitalidad y poder de sus convicciones se encuentren a la altura del ideal que busca; entonces estará avanzando hacia la madurez espiritual. En cada adversidad encontrará la semilla de la oportunidad.

Haga frente a sus problemas

Emerson dijo: «Mientras el hombre se sienta sobre el cojín de las ventajas, se duerme. Cuando se ve forzado, atormentado, derrotado e incordiado, tiene la oportunidad de aprender algo. Se pone entonces a prueba su ingenio, su masculinidad. Ha comprendido los hechos, aprendido de su ignorancia y se ha curado de la locura que supone su engreimiento.»

Haga frente a sus problemas; decida ahora solucionarlos, con ecuanimidad y fe en Dios. La puerta se abrirá y se le mostrará el camino.

Quisiera mencionar una experiencia que, por lo visto, han tenido muchas personas. Son muchos los que inician un proyecto deseable o se disponen a realizar un encargo de un empresario y descubren que son incapaces de llevarlo a cabo. Dicen que algo sucedió en el último minuto, que quien tenía que firmar el documento sufrió un ataque cardiaco y murió, o que cambió de opinión en el último instante. Reciente-mente, una actriz me dijo que todo se desarrolló suavemente hasta que la llamaron para firmar un contrato y el productor sufrió un ataque cardiaco media hora antes de la firma; el contrato se aplazó. Otros se quejan de que la venta falla en el momento en que el cliente está a punto de firmar.

El retraso y el bloqueo están en nuestra propia mente. Aquello que tememos es lo que atraemos. Aquello que esperamos, es lo que experimentamos. Rompa el encantamiento de la siguiente forma, afirmando con franqueza: «Yo y mi Padre somos uno. Dios piensa, habla y actúa a través de mí. Sólo hay un poder y ese poder se mueve como armonía y unidad. Ninguna persona, lugar o cosa puede interferir con la obra de Dios, y mi propia obra es la de Dios, pues Él actúa a través de mí. En Él vivo, me muevo y tengo mi ser. En mí vive Dios, se mueve y se expresa plenamente. La obra de Dios no se puede retrasar. Dios siempre alcanza éxito y completa todo aquello que emprende. Lo que es cierto de Dios, también lo es de mí. Llevo todo aquello que emprendo a su realización y culminación divina en el orden divino, a través del amor divino.» Tiene que desear aquello que realmente desee con suficiente celo y entusiasmo como para tomarse la molestia de aprender a pensar con claridad, lucidez y espiritualidad, ya que el pensamiento es la única causa. Sintonice con Dios y se elevará triunfante sobre todos los problemas, pues «Él nunca falla». «Os tomé sobre alas de águilas, y os he traído a mí.»

Ideas que vale la pena recordar

1. El único momento que importa es este momento. Cambie su pensamiento actual y manténgalo cambiado y cambiará su destino.

2. El pasado está muerto. No tiene poder sobre usted. El único poder es su pensamiento presente. Piense en aquellas cosas que sean agradables y con las que tenga buena relación.

3. Si es bueno ahora, es tan bueno como si nunca hubiera sido malo.

4. Tiene que abandonar el resentimiento y la mala voluntad para poder hacer bien la digestión y disfrutar de una buena salud.

5. Para convertirse en una persona nueva, debe desear con todo su corazón cambiar sus pensamientos y mantenerlos cambiados.

6. Extirpe las raíces del odio deseándole sinceramente a la otra persona armonía, alegría, paz y todas las bendiciones de la vida.

7. Sea un verdadero compañero de su esposa compartiendo con ella todo lo que sabe sobre su negocio. Demuéstrele que estará bien provista en el caso de que a usted le suceda algo.

8. Cuando un alcohólico admite el hecho de serlo y experimenta el sincero deseo de dejarlo, ya está curado en un 51%.

9. Piense por sí mismo. Deje de permitir que los demás piensen y hablen en usted y por usted. No sea como un fonógrafo que reproduce lo que se le ha grabado.

10. Un padre no tiene que intentar hacer las paces con su madre imponiéndoles a sus hijos los mismos rituales religiosos que se vio obligado a seguir cuando era joven.

11. ¿Le causan los pensamientos muertos de su pasado, como la tradición, el credo y el dogma un despilfarro de tiempo, dinero, energía y esfuerzo?

12. Sus temores no son más que un conglomerado de sombras siniestras en su mente, y las sombras no tienen ningún poder.

13. No crea en nada que no comprenda. Aprenda cómo funciona su mente consciente y subconsciente y descubrirá el poder curativo dentro de sí mismo.

14. Un empresario debería rezar por la paz, la armonía, la prosperidad y la felicidad de sus empleados. También debería sentir y procurar que se les compense adecuadamente.

15. El obstáculo que se opone a su salud, felicidad y logro está siempre en su propia mente.

16. Confíe en que Dios lo enderezará todo, al margen de lo que sucediera el pasado lunes o martes. La oración siempre gana, al margen de lo que haya sucedido.

17. Ame las pautas de vida nuevas, atractivas y elevadoras. Ame su ideal hasta que se sienta absorbido y enfrascado por él.

18. Afronte sus problemas. Su fe en Dios y en su poder le permitirá superar todos los problemas.

19. Aquello que tememos, es lo que atraemos; aquello que esperamos, es lo que experimentamos. Sepa que lo que es cierto de Dios también lo es de usted y que al rezar sucederán maravillas.

10. Ser, hacer y tener

¿Se regocija por el hecho de estar vivo? ¿Ha considerado alguna vez todas las maravillas que hay dentro de usted? Su vida es la de Dios y esa es la vida de usted ahora. Todos los poderes de Dios están en usted. La vida infinita busca expresión a través de usted, en forma de sus deseos.

Desea usted vivir y expresarse a sí mismo y desea ser feliz, libre y próspero. Desea ser lo que anhela ser, hacer lo que le encanta hacer y tener amor, compañía, un hogar hermoso y todas las cosas que le permitan vivir en la riqueza, la abundancia y de una forma magnífica. El deseo es lo que se encuentra detrás de todo progreso.

El principio de la vida que nos anima a todos desea expresarse y experimentarse a sí mismo. El árbol desea crecer. La flor desea florecer. El pájaro desea cantar. En este momento, usted quizá desee tener salud, encontrar la felicidad, un verdadero lugar donde vivir, abundancia y seguridad. Todo lo que hace, lo hace en respuesta a sus deseos. El deseo lo empuja. Es el aguijón que le impulsa a la acción. Es el empuje del principio de la vida.

Su deseo le recuerda algo en la vida que, si lo acepta, hará que ésta sea más plena y feliz. Cuanto mayor sea el beneficio esperado del deseo, más fuerte será ese deseo. Allí donde no se espera beneficio alguno, ganancia o progreso, no hay deseo; en consecuencia, no se produce ninguna acción.

El fracaso en realizar nuestros deseos de ser, hacer o tener durante un prolongado período de tiempo tiene como consecuencia la frustración y la infelicidad. Está usted aquí para elegir la felicidad, la paz, la prosperidad y todas las bendiciones del cielo. Su deseo le permite decir: «Esto es bueno y, por lo tanto, lo elijo; pero eso otro es negativo y, en consecuencia, lo rechazo». Toda elección supone la percepción de algo que parece preferible a aquello que se rechaza.

Por qué es tan desastrosa la represión del deseo

Aniquilar y reprimir el deseo tiene consecuencias desastrosas. Si el hombre lo consiguiera, el bien y el mal serían lo mismo para él, pues nada tendría poder suficiente para despertar ningún deseo en él; estaría así muerto para todo sentimiento y para todo motivo que pudiera inducirle a emprender la acción. El deseo significa que se elige una cosa con preferencia a otra, una capacidad que deja de existir allí donde el deseo se extingue.

He visto a fieles indúes que, en su afán por aplastar todo deseo, tanto para el bien como para el mal, se han convertido en una especie de formas humanas atenuadas, en sombras sin esperanza de lo que en otro tiempo fueron seres humanos vivos. La extinción del deseo significa apatía, ausencia de sentimiento y de acción. El deseo es la causa de todo sentimiento y acción y es el principio que mueve el Universo. El deseo es el poder creativo y tiene que canalizarse y dirigirse sabiamente. El deseo y su realización tienen lugar en la propia mente.

El deseo no es malo

No hay deseos malos en el verdadero sentido del término. Es posible dirigir o interpretar mal el deseo que brota en usted. Si es pobre, por ejemplo, desea riqueza; si está enfermo, desea salud; si está encerrado en la cárcel, desea la libertad. Quizá desee encontrar amor y compañía, o un lugar donde vivir. En su ignorancia, el hombre que desea riqueza realiza su urgencia o su deseo asesinando al banquero o robando en una tienda; eso supone dirigir mal el deseo, que termina por conducirle a la cárcel, acusado de asesinato. Enseñe a un ser humano que hay en él una inteligencia infinita capaz de realizar sus deseos y superará su sentido de la oposición y la frustración. El deseo del ser humano de encontrar alimento es legítimo y normal, pero asesinar a alguien para conseguir una hogaza de pan engendra violencia, oposición, culpabilidad y autodestrucción.

Hizo una lista de tres cosas

Dentro del ser humano hay un poder que lo elevará y lo situará en el camino que conduce a la felicidad, la riqueza, la paz mental y la realización de sus mejores sueños, sin privar por ello a ninguna otra persona de las ilimitadas bendiciones de

Dios. Un hombre en bancarrota, sin trabajo y terriblemente frustrado acudió hace algún tiempo a una de mis conferencias sobre «El poder de la mente subconsciente».* Luego, regresó a su casa y aplicó lo que había escuchado. Nunca había asistido a una conferencia sobre la mente, pero se dijo: «Esto tiene sentido». Hizo una lista de tres cosas que deseaba; quizá usted las pueda considerar como materiales, pero esas eran sus necesidades. Lo que anotó en la lista fue encontrar un verdadero lugar para vivir, tener un automóvil y todo el dinero que necesitara.

Eligió esas tres cosas en concreto para comprobar si sus pensamientos eran cosas; deseaba demostrarse a sí mismo que la idea de la cosa era la cosa en sí misma. Durante la conferencia, dije que la idea era la realidad de la forma que había en nosotros. Este hombre estableció un método definitivo de trabajarlo y practicarlo conscientemente cada día, ateniéndose a ello durante el tiempo suficiente como para darle una buena oportunidad. Este hombre sabía que uno no aprende a nadar después de sólo uno o dos intentos.

Rezó lo siguiente para encontrar un verdadero lugar donde vivir: «Sé que la inteligencia infinita me responde. Me está revelando ahora el verdadero lugar donde quiero vivir. Soy consciente de mis talentos ocultos; obtengo unos maravillosos ingresos. Sé que la idea del verdadero lugar donde vivir y su manifestación son una misma cosa en la mente divina. Sigo el hilo conductor que surja.»

Apenas dos semanas después de iniciado su experimento firmó un contrato para realizar un trabajo en San Francisco.

---

* Por Joseph Murphy, publicado por Prentice-Hall, Englewood Cliffs, N. J., 1963.

Dio las gracias y se alegró en la ley de Dios. Luego, pasó a conseguir su siguiente objetivo: un coche nuevo. Me dijo al respecto: «Sé que tengo la idea de un coche; es algo real y voy a mantenerme fiel a esa idea. Tiene que manifestarse.» Resultó que ganó un coche en un sorteo. Ahora conocía el secreto de la mente subconsciente. Sabía que si se identificaba mental y emocionalmente con la idea, el subconsciente la produciría y convertiría en realidad. Fue muy agradecido.

La siguiente petición fue la de obtener más riqueza. Cada mañana y cada noche, durante su período de oración, dio gracias a Dios por la riqueza que hacía circular por su vida y afirmaba que su idea de riqueza se había realizado. Entonces, se enamoró de una viuda rica en San Francisco y ella financió su nuevo negocio.

Este hombre estableció un método definitivo de trabajo, afirmando que cada uno de sus deseos ya se había realizado. Afirmó cada uno por separado, pero todos al mismo tiempo, durante su período de meditación por la mañana y por la noche. Si se reza como lo hizo este hombre y no se produjera mejora alguna en el término de dos semanas, renuncie a ese método y adopte otro nuevo. Recuerde que hay una respuesta para todo; eso es tan cierto como que el sol sale todos los días.

Salga de la prisión del deseo

Procure cultivar la simplicidad y la espontaneidad, sabiendo que recibirá todo aquello que pida en la oración. Decida ahora que puede hacer lo que anhela hacer y que puede ser lo que desea ser. Ninguna persona ilustrada cree actualmente que un destino cruel nos condena a la enfermedad, la miseria o el sufrimiento. Nada nos retiene en la mediocridad, en la mala salud o en un estado miserable, excepto nuestros propios pensamientos y falsas creencias.

Salga de la prisión del temor, el deseo y la soledad. Deje de pensar que Dios le ha inducido la enfermedad por alguna extraña razón o que tiene usted que soportarla o resignarse a ella. Es una verdadera blasfemia decir que Dios le castiga, como también es una blasfemia acusar a Dios de su enfermedad. Su mente y su cuerpo son una misma cosa. En el ámbito de la medicina sicosomática se están dando cuenta de que es imposible saber dónde empieza la mente y dónde termina el cuerpo. La investigación actual revela que las causas ocultas subyacentes de las enfermedades físicas se encuentran en las enmarañadas profundidades de la mente, en las cóleras frustradas, en los deseos amortiguados, en los celos y ansiedades. Es una estupidez acusar a Dios de los problemas que únicamente nos causamos nosotros mismos, con nuestro pensamiento incorrecto o nuestro fracaso para pensar.

Lo único que ella quería era ser «espiritual»

Una joven me dijo que ella únicamente quería ser «espiritual». Eso es lo que todo el mundo quiere, pero nuestra terminología no es la misma. Si tiene usted una mentalidad realmente espiritual, debería estar expresándose plenamente aquí y ahora. Se da cuenta de que un coche es una idea espiritual delante de su puerta. Un bocadillo de jamón, cuando se tiene hambre, es la respuesta a su oración y, por tanto, también es espiritual. Si canta bien en el escenario, eso es tan espiritual como alguien que cante el Salmo 23 en el coro. El operario que repara el tejado de su casa realiza un trabajo espiritual del mismo modo que el ministro, el sacerdote o el rabino que pueden estar leyendo un texto de la Biblia o retransmitiendo un sermón por la radio. Debe darse cuenta de que el espíritu y el cuerpo son uno solo. Deje de mirar por la nariz hacia las cosas materiales, deje de separar, de una vez por todas, el espíritu de Dios de la carne y la sangre del mundo. Cada acto físico, por muy bajo que usted lo pueda considerar, es la expresión del espíritu vivo que hay en usted animando la forma material. Usted, como persona, no se degrada o es menos por fregar un suelo sucio o limpiar unos establos. Únicamente al condenar algo de este mundo está degradándose y despreciándose a sí mismo.

Su silencioso socio lo curó

Un hombre de Los Ángeles tuvo una pierna ulcerada durante cinco o seis años. Se curaba durante un tiempo y luego recaía. Dijo que su padre había sufrido de lo mismo y que suponía que era algo hereditario, por lo que se resignaba a sufrirlo. Se enteró entonces de que eso era lo peor que podía hacer. Cobró conciencia de que la inteligencia creativa que hizo su cuerpo nunca pierde interés por lo que ha creado. Supo que la presencia curativa está en él y que el proceso de la digestión, la asimilación y la circulación se realizan gracias a su presencia curativa. El hombre dejó de temer y esperar una recaída. Durante cinco a diez minutos por la mañana y por la noche, afirmaba con profunda comprensión y convicción: «Tengo un socio silencioso, una presencia curativa que sabe cómo curar y su presencia curativa produce ahora la belleza de la totalidad. Creo ahora que mi socio silencioso está saturando todo mi ser de amor, belleza y perfección.»

Este enfoque le condujo a una radiante salud. Dios desea que logremos alcanzar nuestro mejor rendimiento. Adopte un punto de vista pragmático y afirme con toda franqueza: «La inteligencia infinita que me creó conoce el proceso de la curación; me está curando ahora en el orden divino. Creo en ello, lo acepto y me alegro porque mi socio silencioso me está respondiendo ahora.»

Esta actitud es sana y no le quepa la menor duda de que funcionará. Seguimos el deseo que cautiva y retiene nuestra atención. Todos nosotros nos encontramos moviéndonos en la dirección de la idea que domina nuestra mente en el momento presente. Un ardiente deseo de ser y de hacer le hará emprender el alto camino que conduce al éxito y al logro. John Bunyan experimentó el intenso deseo de revelar la verdad sobre la religión y su mente más profunda le respondió en consecuencia; a pesar de encontrarse en la cárcel y de haber sido grave y dolorosamente castigado, produjo una obra maestra: El progreso del peregrino.

Exalte y revista su deseo

El roble duerme en la bellota, el pájaro espera en el huevo y Dios espera en usted a ser expresado y reproducido en la pantalla del espacio. Edison fue un telegrafista «vago» y aunque estaba sordo y había sido expulsado de la escuela, experimentó el intenso deseo de iluminar el mundo. La inteligencia viva que había en él respondió, literalmente, a su fe y su convicción.

Revista su deseo, exáltelo en su propia mente, embellézcalo, magnifíquelo, deje que le cautive tanto como para sentir el anhelo de su realización. Enamórese de su deseo. La imagen mental, apoyada por la fe, se manifestará entonces en la mente subconsciente.

¿Por qué esperar tres años a vender una casa?

Desde hacía tres años, una mujer había esperado sin éxito a vender una casa en la ciudad de Nueva York. Un domingo por la mañana, mientras yo pronunciaba una conferencia sobre el doctor Raymond Charles Barker, en el ayuntamiento de Nueva York, la mujer cayó en un estado de somnolencia, similar al verdadero sueño. En ese estado mental relajado, sereno y pacífico, concentró toda su atención en la venta de la casa. Se hallaba en un estado de inmovilidad física que aumentaba el poder de la concentración. En ese estado, se imaginó que recibía en mano el cheque por la cantidad completa. Dio las gracias por el cheque y se alegró de su posesión. Contempló el objetivo retrospectivamente, el deseo ya cumplido. Se alegró, dio las gracias y se sintió llena con una sensación de haberlo conseguido. En su actitud mental, todo el esfuerzo quedó reducido a un mínimo. Ese mismo día, el agente de bienes raíces le vendió la casa; lo hizo aproximadamente al mismo tiempo que ella daba las gracias por la venta. Luego, me comentó: «Sé que la había vendido esta misma mañana, porque experimenté una gran sensación de alivio».

Las ideas le dominan

Hace miles de años, los místicos hebreos dijeron: «El hombre es lo que se imagina ser». La idea que se hace de sí mismo es una imagen que brota espontáneamente desde las profundidades subliminales o del mundo. Su facultad de imaginación reviste todas las ideas y proyectos y los proyecta sobre la pantalla del espacio. Por eso los pensa-

143

mientos son cosas. Una es el interior y la otra el exterior de una misma realidad. El doctor Phineas Parkhurst Quimby, de Maine, dijo hace cien años: «El hombre se mueve según se mueven los demás; el hombre actúa según se actúa con él». En la actualidad, esa es una verdad psicológica moderna.

Sus ideas le gobiernan y le dominan. La idea que se tiene tiende a ejecutarse por sí misma. La facultad fundamental del hombre es su imaginación. Utilícela sabia, juiciosa y constructivamente. Imagine aquello que sea agradable y con lo que pueda mantener una buena relación. «Hagamos al hombre a nuestra imagen y semejanza» (Génesis, 1, 26). Dios se imagina a sí mismo como el Sol, la Luna, las estrellas, el mundo o el hombre; luego, siente que es aquello que ha imaginado ser. La idea y el sentimiento se unen (femenino y masculino) y se produce el cosmos. Dios se imaginó a sí mismo como un ser humano y luego, a través del sentimiento, se convirtió precisamente en aquello que imaginó ser.

Procure dar vida y seguridad a su imagen y ésta adquirirá vida propia en su experiencia. Así es como se convierte en lo que desea ser. Aquello que decida a la 1.00 es aquello en lo que se convierte. La 1.00 es el nombre de Dios, que significa ser, conciencia o vida pura. Si dice: «Estoy enfermo», estará enfermo. Si dice: «Soy pobre», será pobre. ¿Por qué unirse con el sentimiento de la pobreza? Empiece por afirmar: «Soy fuerte, entero, perfecto, poderoso, radiante, iluminado e inspirado». Sienta la verdad de lo que afirma y en su vida empezarán a producirse maravillas. No permita que sus sentimientos se unan con una imagen de limitación, porque entonces generará las consecuencias de esa alianza impía.

Confíe en la ley del crecimiento

Reafirmemos algunos de los puntos más destacados de estas importantes verdades a las que hemos dedicado este capítulo. No se pone vitalidad en la semilla que se planta en el suelo, pero tiene que depositarla en el suelo. Riegue la semilla con regularidad, acelerando con ello su crecimiento. Veamos su mente. La semilla es su deseo de ser, de hacer o de tener; tiene que depositarla en el terreno receptivo de su mente, sin utilizar fuerza o coacción mental alguna, y dejar de esforzarse para que las cosas ocurran. Su trabajo consiste en rechazar los pensamientos negativos de la duda y el temor, que tienden a neutralizar su oración afirmativa. Entre en el sentimiento del placer y la satisfacción al imaginar la realización de su deseo.

Su deseo o idea es la sustancia de las cosas en las que confía y la evidencia de aquellas otras cosas no vistas todavía. Su deseo es algo tan real como su mano o su corazón, tiene forma, figura y sustancia propias en otra dimensión de la mente. «Os digo que todo lo que orando pidiereis, creed que lo recibiréis, y os vendrá». Considere su creación o idea mental como una realidad espiritual; luego, confíe implícitamente en que la ley del crecimiento hará que suceda. Camine a la luz que aparece cuando rompe el día y ahuyenta las sombras.

Inspírese a sí mismo

1. El deseo es la causa de toda sensación y acción y es el principio que mueve el Universo.
2. Aprenda que hay una inteligencia infinita dentro de usted que puede realizar su deseo y superará toda sensación de oposición y frustración.

3. Dentro de usted hay un poder que lo elevará, lo situará en el camino que conduce a la felicidad, la salud y la realización de sus mejores sueños.

4. Nada nos retiene en la mediocridad, en la mala salud o en un estado miserable, excepto nuestros propios pensamientos y falsas creencias.

5. No se degrada o se es menos persona por fregar un suelo sucio o limpiar unos establos. La limpieza está cerca de la divinidad y todo trabajo es honorable.

6. Lo bueno y lo malo está en sus propios pensamientos y su forma de pensar y de sentir es lo único que colorea todo lo que hay en el Universo.

7. Un deseo ardiente de ser y de hacer le permitirá ascender al camino que conduce al éxito y al logro.

8. La imagen mental que tiene en su mente, apoyada por la fe, se manifestará en su mente subconsciente.

9. Al vender una casa, imagine que tiene el cheque en la mano, dé las gracias por ese cheque y alégrese por su posesión. Sienta su realidad y su mente subconsciente se ocupará de que suceda.

10. Es usted lo que se imagina y siente que es.

11. Considere su idea mental como una realidad espiritual; luego, confíe implícitamente en que la ley del crecimiento hará que suceda. Camine con la suposición de que es así y experimentará la alegría de la oración contestada.

11. Un proyecto para la armonía y la paz mental

Jesús dijo: «La paz os dejo, mi paz os doy; yo no os la doy como el mundo la da. No se turbe vuestro corazón, ni tenga miedo» (Juan 14, 27).

El deseo más profundo de todo ser humano es la paz mental. Cuando no puede realizar sus deseos de salud, abundancia, verdadera expresión, logro y realización, se siente frustrado y sufre a causa del conflicto y la perturbación interior. La paz interior se alcanza cuando el ser humano es consciente de un poder todopoderoso que puede convertir en realidad sus deseos de ser, hacer y tener.

El secreto de lograr la paz mental consiste en identificarse con la presencia y el poder infinitos que hay en usted y que produce una paz inefable. Al unirse mental y emocionalmente con el amor de Dios, con su armonía y su poder, y al sentir que esas cualidades fluyen por usted, expulsará y eliminará todas las bolsas venenosas de pensamientos negativos productores de enfermedad, de pautas de pensamiento vengativas, odiosas y resentidas que le han mantenido sumido en una permanente turbación, estrés y tensión internas.

Recientemente leí en un artículo periodístico que un distinguido psiquiatra dijo que había cerca de diez millones de personas en instituciones mentales debido a perturbaciones emocionales agudas. Muchas de esas personas están llenas de temor, se sienten frustradas y consumidas por los celos y el resentimiento. Todos esos venenos mentales son generados por un pensamiento incorrecto y por no lograr el pensar de forma constructiva y armoniosa. Para experimentar armonía y tranquilidad, debe usted mantener el control emocional en medio del estrés.

Hace pocos días, el doctor E. McCoy, de Beverly Hills, California, me habló del experimento realizado por el doctor Hans Selye, del Instituto de Medicina Experimental y Cirugía de la Universidad de Montreal, que demostraba que, en momentos de estrés y de tensión, las glándulas adrenales y pituitaria descargan potentes hormonas en la corriente sanguínea para afrontar cualquier amenaza para el bienestar del cuerpo. Si tiene fiebre alta, por ejemplo, un resfriado, o se produce accidentalmente una lesión, se moviliza el mecanismo de defensa, que es el proceso curativo generado por las glándulas adrenales y pituitaria, para afrontar la emergencia. No obstante, si se hace imágenes mentales de enfermedad, tragedia, pérdida o accidente, la mente subconsciente no diferencia entre los estados de estrés causados por la preocupación o los estados de estrés subconsciente causados por verdaderas lesiones físicas o enfermedades del cuerpo.

El doctor Selye ha demostrado con claridad que si una persona se empeña en preocuparse, irritarse, despotricar de todo y regodearse con imágenes negativas, el exceso de hormonas generadas causa verdaderos estragos en su cuerpo y el individuo puede sufrir diabetes, artritis o cualquier otra enfermedad psicosomática.

Se libraba del asma con la abuela

Hace poco dediqué algún tiempo a hablar con un muchacho de diez años. Sufría asma y se sentía muy tenso. El médico lo había sometido a diversas pruebas y le había administrado diversos compuestos antiespasmódicos, pero los ataques de asma persistían.

El muchacho me dijo que cuando visitaba a su abuela, en San Francisco, nunca experimentaba esos ataques. El año anterior pasó todo el verano con ella y estuvo completamente libre de síntomas durante todo el tiempo. El padre del chico era un hombre dictatorial, tiránico y muy agresivo, que lo trataba con dureza, le regañaba constantemente y encontraba defectos en su trabajo escolar. La madre siempre estaba ocupada durante el día, asistiendo a almuerzos, tés y cócteles y le prestaba poca atención, amor o dedicación. Durante la cena, los padres solían discutir violentamente y el niño tenía miedo de perder a uno de ellos. El asma que padecía no era sino un síntoma de ese temor y de la rigidez de la fuerza de la vida que había en él.

Los padres decidieron rezar juntos, alternando cada noche uno de los Salmos, como el 23, el 27, el 91, el 46, el primero y el segundo. A partir de ese momento se creó un nuevo ambiente de paz, un ritmo más lento y se difundió una mayor sensación de amor, armonía y buena voluntad en todo el hogar. El asma del muchacho desapareció por completo. Había mantenido constreñidos los músculos bronquiales porque vivía en un ambiente muy tenso y negativo. Cuando hay cólera, resentimiento y hostilidad en un hogar, los niños son los primeros en sufrirlo. En realidad, crecen a imagen y semejanza del ambiente mental predominante en el hogar.

Experimente paz mental

Uno de los anhelos más profundos del corazón humano es alcanzar la paz mental. Para experimentar esa sensación interior de paz, tiene que sintonizar con el Dios de paz y permitir que su río de paz fluya a través de usted. Deje de disipar sus energías con actitudes quisquillosas, buscando siempre el enfrentamiento, la preocupación, con lo que no hace sino agotar sus reservas emocionales, físicas y espirituales. En el capítulo octavo de Mateo encontrará un maravilloso proyecto de armonía y paz mental, sobre el que haría bien en meditar de vez en cuando:

> «Y he aquí que se levantó en el mar una tempestad tan grande que las olas cubrían la barca; pero él dormía. Y vinieron sus discípulos y le despertaron, diciendo: "¡Señor, sálvanos, que perecemos!" Él les dijo: "¿Por qué teméis, hombres de poca fe?" Entonces, levantándose, reprendió a los vientos y al mar; y se hizo grande bonanza» (Mateo 8, 24-26).

Los vientos están dentro de nosotros mismos, con el disfraz de nuestros temores, ansiedades y presagios conscientes, mientras que las olas son las de la desesperación, la melancolía, el odio y el terror. El mar tempestuoso está dentro de usted mismo y puede aquietar las ruedas de su mente y afirmar con serenidad: «La presencia de Dios fluye a través de mi mente consciente en forma de actitud, equilibrio y paz y a través de mis emociones, en forma de amor y confianza en Dios, y de mi cuerpo, en forma de fortaleza». Al decirse esto, verá que una gran paz interior y una gran serenidad fluyen sobre todo su ser.

La Biblia afirma, con la mayor simplicidad: «Y se hizo grande bonanza». Los pensamientos de Dios y el extender el corazón hacia la presencia curativa que hay dentro de usted, le colocan en armonía con Dios y liberan las fuerzas espirituales que le proporcionan una paz que va más allá de toda comprensión.

Vaciar las bolsas de veneno

No puede haber paz interior mientras no se eliminen de la mente y del corazón las penas, los odios, los agravios, las mezquindades y los deseos generales de venganza. Esa clase de pensamientos forman bolsas de veneno en la mente subconsciente, lo que provoca alta presión sanguínea, perturbaciones cardiacas y toda una serie de otros síntomas y enfermedades. Cuando la mente subconsciente se llena con una sensación de culpabilidad, se tiene la impresión de que uno debería ser castigado y automáticamente, de una forma inconsciente, se pasa a sufrir.

Vacíe todas sus bolsas venenosas de odio, mala voluntad y autocondena y llene su alma con el amor de Dios. Siéntese, relájese, tranquilícese y durante diez a quince minutos diarios afirme: «El amor de Dios llena mi mente y mi corazón y vierto amor y buena voluntad hacia todos aquellos que me rodean y hacia todas las personas. Si tengo algún agravio o una sensación de mala voluntad hacia alguna persona en concreto, la singularizo en mi mente y le envío bendiciones hasta que salgo a su encuentro mentalmente y ya no existe ningún resquemor.» Una mente limpia y un corazón completo son esenciales para la armonía, el equilibrio y la paz mental. Además, experimentará la magnífica sensación de disfrutar de una perfecta salud y de una energía llena de vitalidad.

Los medicamentos no pueden proporcionarle paz mental

Muchas personas toman tranquilizantes para alcanzar una cierta sensación de paz y relajación. Los medicamentos, aunque le animen durante un tiempo y le proporcionen una sensación de bienestar, sólo producen un efecto transitorio y no un cambio de actitud mental, que es esencial. Las pastillas para estimular o las que se consumen para deprimir, no son la respuesta a la ansiedad, el exceso de tensión o la preocupación.

Darse cuenta de la presencia y el poder de Dios en usted y en su capacidad mental para sintonizar con el poder divino, le permitirán aportar guía, armonía, orden divino y abundancia a su vida. La naturaleza del poder infinito consiste en responder a la naturaleza de su pensamiento.

Recuerde que el poder creativo está en usted y no en las circunstancias, condiciones, acontecimientos o en las afirmaciones o acciones de los demás. Es posible que otras personas o condiciones le sugieran ciertas cosas, pero usted es el único pensador que existe en su propio universo y puede negarse a aceptar cualquier sugerencia negativa de cualquier naturaleza.

Usted mismo crea sus propias tensiones, ansiedades y alta presión sanguínea y lo hace así con su forma de reaccionan mental y emocionalmente ante las personas, las condiciones y los acontecimientos. Empiece a pensar, hablar, actuar y responder desde el centro divino que hay dentro de usted. Antes de enzarzarse en una actitud mental corrosiva o en una explosión, dígase: «El Dios que está en mí piensa, habla, actúa y responde a todas las cosas». Eso será suficiente para aquietar su mente y mantenerle en el ámbito de las altas oscilaciones del Espíritu. Todos deberíamos saber que estamos aquí para afrontar los desafíos, dificultades, problemas, tensiones y el estrés que produce la vida. Es un error tomar medicamentos para insensibilizarnos al estrés o a las ansiedades de la vida. Estamos aquí para superar los desafíos y las pruebas de la vida; de otro modo, nunca descubriríamos a la divinidad que llevamos dentro.

La alegría está en la superación

La alegría está en superar y solucionar el crucigrama de la vida. Si todos los crucigramas se hicieran y se solucionaran, y lo único que hubiera que hacer fuese rellenar los cuadrados, los consideraría aburridos e insípidos. No anule ni reprima su desarrollo espiritual y mental consumiendo medicamentos que le hacen perder toda iniciativa y le privan del incentivo de entrar en la alegría de vivir. No querrá convertirse en un zombie andante, ¿verdad? Nació usted para ganar. Es un conquistador. Sale victorioso de todas las circunstancias, porque Dios habita en usted. En consecuencia, cualquier problema que se le presente se ve superado divinamente.

Si es usted un hombre de negocios o una ama de casa, y le preocupan los problemas financieros, las dificultades de las relaciones humanas, las irritaciones, la enfermedad o si tiene la sensación de que la carga y las responsabilidades son demasiado grandes, debe darse cuenta y saber que hay en usted una sabiduría que le permitirá trascender todas esas dificultades y que le revelará la solución perfecta. Deje de convertirse en una víctima de las sugerencias externas. Puede pensar en Dios y en su poder y, en cuanto lo haga, su poder y su sabiduría empezarán a fluir en respuesta a su llamada. Debe tomar el testigo del centro divino y no el de la manifestación externa.

Está usted al mando del barco

La causa está dentro de usted, en su propio pensamiento y sentimientos. Está al mando del barco. Es el capitán, perfectamente capaz de conducirlo al puerto al que quiera dirigirse. Si lucha mentalmente contra las condiciones, circunstancias y problemas ambientales, estará convirtiendo en realidad un efecto en una causa y magnificando sus problemas. Es usted mismo el creador de su ansiedad, neurosis, hipertensión y dolores de cabeza, por su forma de reaccionar y sentir.

La causa no se encuentra en su trabajo, en su jefe o en el vecino: la causa está dentro de usted y viene generada por sus propios pensamientos. Recuerde que usted y sólo usted es el responsable de su forma de pensar sobre la otra persona o situación. Usted es el único pensador que hay en su universo. ¿Cómo piensa?

El odio es un veneno mortal

Hace algún tiempo recibí una carta de un hombre en la que me contaba que había introducido a su sobrino en el negocio, lo había convertido en socio y tenía fe completa en su integridad y honestidad. No obstante, y durante un período de tres años, el sobrino le había desfalcado la cantidad de 30.000 dólares. El contable descubrió el desfalco y el sobrino lo admitió.

El hombre dijo: «Odio a mi sobrino. Estoy muy enfermo. Había depositado toda mi fe en él. ¿Por qué me ha tenido que suceder esto a mí?»

El odio es un veneno mortal que debilita todo el organismo, lo que tiene como resultado un gran deterioro mental y físico. Le expliqué a este hombre cómo perdonar: debía empezar por perdonarse a sí mismo, es decir, a situar sus pensamientos en armonía con el amor y la armonía divinas, para luego seguir el consejo de la Biblia: «Tu fe te ha salvado».

Su fe estaba mal dirigida

La fe es una conciencia de la existencia de un poder y una presencia invisibles que es la única inteligencia creativa que hay en el universo. Este hombre empezó a comprender que debía depositar su fe en el amor de Dios, en la bondad y la guía de Dios, en su ley y su orden divinos. El hombre había depositado la fe en credos, dogmas, conceptos tradicionales, en las personas, en ciertas instituciones y en sus fórmulas para la salvación. Su fe estaba por tanto mal dirigida, pero empezó a darse cuenta de que la fe en el eterno principio de la vida que había dentro de él nunca le fallaría y seguiría siendo el mismo, tanto ayer como hoy y para siempre.

El verso de un himno antiguo dice:

«Cambio y decadencia veo a todo mi alrededor, oh, tú, que no aceptas el cambio en mí». En el mundo, todo cambia y perece. Las religiones llegan y pasan, los gobiernos alcanzan el poder y caen, las instituciones, los dogmas, los credos y los imperios desaparecen, pero los principios eternos y las verdades de Dios son intemporales.

Tiene que vincular la mente y el corazón con Dios, y Él siempre le sostendrá. No debe depositar su verdadera fe en acciones, bonos, dinero, propiedades, parientes o pareja, sino en Dios. Él es el Eterno, la fuente constante de la que fluyen todas las bendiciones.

Dios es constante, mientras que todo lo demás es inconstante. Observe cómo se desvanece la fe de tantos en la bolsa en cuanto los valores empiezan a caer. Del mismo modo, cuando el hombre que usted conoce cambia su disposición o actitud, o cuando es consciente de ciertas deficiencias en su comportamiento, también puede perder la fe en él. Seguramente, habrá oído expresiones como: «Ya no tengo fe en él», «Jamás podré volver a confiar en él», «He perdido la fe en la gente».

La explicación fue la cura

Deposite su fe en Dios y en todas las cosas buenas y atraerá hacia sí mismo una ley inmutable de las personas, condiciones, circunstancias y acontecimientos a imagen y semejanza de lo que haya contemplado. Debe depositar la fe en un Dios de amor, de inteligencia infinita, de sabiduría sin límites, en un Dios eterno, sapientísimo y todopoderoso. Dios se convierte para usted precisamente en aquello que se imagine. En consecuencia, al afirmar con toda franqueza: «El amor de Dios me rodea, la paz de Dios llena mi alma, su luz me muestra el camino, su guía es ahora la mía, su belleza llena mi alma y Dios prospera en mí de todas las formas posibles», empezarán a suceder cosas realmente maravillosas en su vida. Su mundo se fundirá mágicamente con la imagen y la semejanza de su alegre concepción.

Su pensamiento es creativo y es usted aquello que piensa durante todo el día. Ese conocimiento y toma de conciencia le protegerá de innumerables temores, preocupaciones y de toda clase de perturbaciones.

Esa explicación produjo un profundo cambio en la mente del hombre que odiaba a su sobrino. Se dio cuenta de que no había motivo para el odio, la venganza o la malicia de ningún tipo. Experimentó entonces una maravillosa curación, puesto que en la explicación misma encontró la cura.

El amor es la realización de la ley de la salud, la felicidad y la paz. El amor es ser leal y fiel al único poder, a la causa suprema y no conocer a ningún otro. Su pensamiento hace que este poder fluya en consonancia con su propia naturaleza. No hay división o enfrentamiento alguno en este poder espiritual, una parte del Espíritu no es antagonista de la otra. Es totalidad, belleza y perfección y se mueve como una sola unidad. Procure alinearse con él y permita que el amor divino fluya a través de usted en un ritmo divino, en armonía y paz.

Únase a Dios

Recuerde que se dirige allí donde le conduce su visión. Si se imagina que va a fracasar, puede trabajar duro 14 horas al día que no alcanzará el éxito. Si su premisa es falsa, su conclusión también tiene que serlo. Establezca la premisa correcta, recordando que la mente funciona de un modo silogista y que avanza infaliblemente desde la premisa a la conclusión. Conocer estas verdades le permitirá establecer equilibrio, actitud positiva y paz mental.

Únase a Dios. Piense y sienta en grande, sabiendo, en el fondo de su corazón, que ahora se está comunicando con Dios, con el Padre todopoderoso. Gracias a su unión con Él, se siente fuerte, seguro de sí mismo, sereno y triunfante. Está conectado con el único Ser, con el principio de la vida que anima todas las cosas. Cada vez que se sienta débil, inadecuado, nervioso o inseguro, únase al Padre que está dentro de usted mismo y diga: «Él restaura mi alma».

/ actuar de este modo es establecer una verdadera
con Dios. También es una verdadera oración del más
ı. Es usted un ser espiritual, que vive en un Universo
al, gobernado por un Dios perfecto, que funciona bajo
pia y perfecta ley divina. Al saber esto, nunca se sentirá
ecuado o inferior y tampoco se mostrará crítico o condena-
o respecto a los demás. Sabe que cada persona tiende a pro-
ectar hacia los demás lo que siente dentro de sí misma.

Al unirse con Dios, ya no proyectará sus defectos, insufi-
ciencias, anormalidades o inferioridades. Sentir su unicidad con
Dios cada hora, cada día, le permitirá proyectar una radiación,
un brillo, una seguridad en sí mismo, una alegría y una vibración curativa que bendice a todos aquellos que entren en su
órbita. Su única y total dependencia es de Dios y su ley nunca
le fallará. «Él nunca falla.» Tiene que depositar la fe en la verdad
del Ser. Eso tiene que basarse en la percepción, la sabiduría y la
comprensión. Si se siente preocupado o ansioso por una oración
no contestada, déjela en manos del Dios sí mismo que hay en
usted de la siguiente manera: «Acepto esto, Dios, o, en tu sabiduría, algo más grande y maravilloso. Gracias, padre.»

Esta actitud mental vaciará su mente de todo temor, rece-
lo y tensión. Ese es su proyecto para alcanzar la armonía y la
paz mental.

Una oración por la armonía y la paz mental

«Tú le guardarás en completa paz, cuyo pensamiento en ti persevera; porque en ti se ha confiado» (Isaías, 26, 3). Sé que los
deseos interiores de mi corazón proceden del Dios que está
dentro de mí. Dios quiere que yo sea feliz. Para mí, la voluntad de Dios es vida, amor, verdad y belleza. Acepto mental-

mente mi bien ahora y me convierto en el canal perfecto para lo divino.

Acudo a su presencia cantando, entro en sus patios con alabanzas, me siento alegre y feliz, permanezco sereno y equilibrado.

La serena y tenue voz interior susurra en mi oreja, revelándome mi respuesta perfecta. Soy una expresión de Dios. Siempre me encuentro en mi lugar verdadero, haciendo lo que me gusta hacer. Me niego a aceptar las opiniones del hombre como la verdad. Realizo una introspección y percibo y siento el ritmo de lo divino. Escucho la melodía de Dios susurrándome su mensaje de amor.

Mi mente es la mente de Dios y siempre reflejo la sabiduría y la inteligencia divinas. Mi cerebro simboliza mi capacidad para pensar sabia y espiritualmente. Las ideas de Dios se despliegan dentro de mi mente con una secuencia perfecta. Siempre mantengo una actitud serena, equilibrada y calmada, pues sé que Dios siempre me revelará la solución perfecta para todas mis necesidades.

Indicadores provechosos y útiles

1. La paz acudirá a usted cuando se dé cuenta de que Dios, que le infundió el deseo de salud, felicidad, abundancia y seguridad, puede convertir todos sus sueños en realidad en el orden divino.

2. Mantenga un ambiente pacífico y armonioso en el hogar. Recuerde que los hijos crecen a imagen y semejanza del ambiente predominante en el hogar.

3. Puede sintonizar con el Dios de paz que hay dentro de usted y experimentar la paz que va más allá de toda comprensión.

4. Pensar en el ilimitado amor de Dios y en su armonía absoluta y extender el corazón hacia la presencia curativa, le permitirán estar en armonía con Dios y sus leyes.

5. No podrá encontrar paz interior hasta que no vacíe su mente de todas las bolsas venenosas del odio, la mala voluntad y la autocondena. Eso es algo que se hace llenando su alma con el amor de Dios.

6. Los tranquilizantes no le proporcionan equilibrio y paz mental, porque sus efectos son transitorios. La causa está en sus propios pensamientos y sentimientos. Ocupe su mente con pensamientos de paz, armonía, amor y buena voluntad hacia todos. El cambio en su actitud mental le proporcionará paz y armonía.

7. La gran alegría está en superar y afrontar los desafíos de la vida. La emoción, la alegría y el éxtasis está en solucionar los crucigramas de la vida y no en drogarse hasta el punto de perder toda iniciativa e incentivo.

8. Recuerde que usted y sólo usted es el responsable de su forma de pensar. Es usted el único pensador que existe en su universo. ¿Cómo piensa?

9. El odio es un veneno mortal que debilita todo el organismo. Procure sintonizar sus pensamientos con el amor y la armonía divinas y encontrará la paz interior.

10. Tiene que depositar su fe en la guía de Dios, en el amor y la armonía de Dios, en la ley y el orden divinos. La verdadera fe tiene que depositarse en el funcionamiento de su mente consciente y subconsciente y en las verdades de Dios, que nunca cambian. Deposite su fe en Dios y en todas las cosas buenas y empezarán a ocurrir verdaderas maravillas en su vida.

11. Su pensamiento es creativo y es aquello que piensa durante todo el día. Este conocimiento le librará de

innumerables temores, preocupaciones, presagios y perturbaciones de todo tipo.

12. El amor es la realización de la ley de la salud, la felicidad y la paz. El amor es ser leal y fiel al único poder, a la causa suprema y no conocer a otro. Cuando se ama a Dios, se ama a todos los seres humanos.

13. Recuerde que se dirige allí donde le conduzca su visión. Piense en grande, sienta en grande y sepa en el fondo de su corazón que es uno con Dios y que proyectará una radiación, un brillo, confianza, alegría y vibración curativa que bendecirá a todos aquellos que entren en su órbita ahora y para siempre.

12. Cómo vencer los sentimientos de culpabilidad

Cada ser humano debe poseer un sentido de autoestima.
Tiene que aprobar el sí mismo que lleva dentro y honrar las
cualidades, atributos y potencias de Dios. Dios está en todos
los seres humanos y el sí mismo de cada uno de nosotros es la
presencia y el poder de Dios. Cada ser humano tiene que sentir que es deseado y querido, que es adecuado para cada tarea que emprenda, que es necesario en el esquema de la vida
y que cumple su papel en el Universo. El ser humano está
aquí para expresarse plenamente y sentir una sensación de
valía y seguridad en su unicidad con Dios. En la medida en
que el ser humano vive consigo mismo durante todo el tiempo, tiene que aprender a gustarse. Mientras el ser humano no
exalte al sí mismo-Dios que lleva dentro, se sentirá inferior,
inadecuado, inseguro y quizá se considere como un pecador.
Nadie que se considere un pecador puede sentirse feliz. En los
corazones de todos los seres humanos del mundo hay una
profunda necesidad psicológica y espiritual de autoestima. A

lo largo de los tiempos se han inventado muchas ceremonias, rituales y métodos para expresar el propósito de desterrar la sensación de pecado y de culpabilidad que se ha apoderado de las masas.

La sensación de culpabilidad

A la sensación de culpabilidad se la ha calificado como una enfermedad mental y es extremadamente común. En el ámbito de la medicina psicosomática y psiquiátrica moderna, se ha señalado claramente que una profunda sensación de culpabilidad, unida a la frustración, es la causa de la que se derivan la mayoría de nuestros trastornos mentales y, en consecuencia, los conflictos de personalidad y las enfermedades físicas, así como las dificultades en los negocios y en las relaciones del hogar. La sensación de culpabilidad es algo anormal y antinatural, aunque parece ser casi universal. Un niño, por ejemplo, no nace con una sensación de culpabilidad. La sensación de culpabilidad viene impuesta desde fuera, transmitida habitualmente por padres, maestros y cuidadores, junto con las convicciones de la mente desbocada.

Ningún sentido de pecado

Todos sabemos que un bebé no tiene el menor sentido del pecado. La primera sensación de culpabilidad del bebé aparece cuando percibe que la madre se enoja o se muestra disgustada con él. Su madre es para él más o menos como un dios; además, representa la autoridad y la ley. Depende de ella para obtener alimento, consuelo, amor y seguridad.

Separado del amor

Al nacer al mundo, tuvimos muy poco o ningún sentido de los verdaderos valores. De pequeños no supimos nada sobre las religiones, credos, dogmas o costumbres creadas por los hombres, de las leyes, reglas y regulaciones artificiales. Al principio, el niño es como un pequeño animal, totalmente libre de inhibiciones, que hace todo aquello que le parece natural. Pero la madre le regaña o quizá lo castiga propinándole una palmada en el trasero. Quizá le diga que es un niño malo y que Dios lo castigará. El niño no comprende lo que se le dice y se siente desconcertado. Instintivamente, tiene la sensación de hallarse separado del amor, de la seguridad, de una sensación de amabilidad y entrega. El niño siente que se le ha castigado por algo que no comprende, experimenta confusión y llega a la conclusión de que debe de ser malo. Tiene entonces su primera sensación de culpabilidad, de ser un pecador. Se siente perplejo y procede a protegerse. Instintivamente, reacciona ante la reprimenda o enfado de su madre de diferentes maneras. Puede volverse temeroso, o replicar a su modo, sufriendo una rabieta debido a su conflicto interno.

El fracaso del niño en ver satisfechos sus deseos cuando éstos son contrarios a los deseos de sus padres (y más tarde contrarios a las leyes y costumbres religiosas, sociales y estatales) profundiza su sensación de culpabilidad y de pecado. Instintivamente, desea hacer aquello que le parece natural, pero la autoridad dice: «No». El resultado es un conflicto con la autoridad.

Tomó el anillo

Un día estaba en una casa donde el niño pequeño admiró el anillo que yo llevaba puesto en el dedo y lo cogió. Su madre le hizo saber en términos inequívocos que no podía tener el anillo y entonces el niño se echó a llorar. Más tarde, el niño tendrá que aprender que puede conseguir lo que desea en la vida a través de la ley y el orden divinos, sin infringir los derechos de los demás. A medida que crezca en sabiduría y comprensión, se adaptará con elegancia a las restricciones impuestas por las leyes y las costumbres y manipulará para abrirse camino con éxito en la vida. En todos nosotros existe la necesidad cósmica de expresión y cuando nos expresamos de un modo que nos permite sentirnos satisfechos con nuestros logros y creaciones, nos sentimos felices. Cuando nos equivocamos y fallamos en la vida, nos sentimos desgraciados y deprimidos; empezamos a pensar entonces que hemos quedado desconectados del amor y de la estima de los demás.

El propósito de este libro es el de demostrar cómo puede satisfacer el ser humano los verdaderos deseos de su corazón sin aprovecharse de los demás. Cada ser humano llega al mundo para vivir una vida rodeada de abundancias: «Yo he venido para que tengan vida, y para que la tengan en abundancia» (Juan 10, 10). Este es un universo mental y espiritual, y aquello que desea el ser humano es algo a lo que se puede aspirar, que puede ser apropiado y aceptado mentalmente. El ser humano tiene que abrir su mente y su corazón a la conciencia de que Dios, que le infundió el deseo, también le revelará la forma más perfecta de alcanzar su manifestación. El ser humano tiene que creer en su corazón, aceptar la realidad de su idea o deseo en su mente, sentirse agradecido por ello y tiene que saber que, a pesar de las apariencias, las condiciones o circunstancias, el espíritu vivo y todopoderoso responderá, creando su objetivo de salud, felicidad, paz y realización de sus sueños en el orden y la ley divinas. El sentido de unicidad del ser humano con un Dios de amor, que es su Padre celestial, eliminará toda sensación de culpabilidad y vergüenza.

La culpabilidad en los tiempos antiguos

En los tiempos antiguos, la gente sacrificaba sus toros, corderos, cabras y palomas para propiciar lo que supersticiosamente creían que eran los dioses de la ira. Cuando se producía una tormenta y se perdían las cosechas, o cuando prevalecía una gran sequía, las gentes creían que los dioses estaban enojados. El sacerdote tenía que darle una respuesta al pueblo y ésta tenía que ser plausible si no quería que lo matasen; en consecuencia, encontró respuestas que pudieran satisfacer la imaginación supersticiosa de esos pueblos.

El hombre primitivo y prehistórico

En épocas muy antiguas, el hombre se dio cuenta de que se hallaba sometido a unas fuerzas sobre las que no parecía tener control alguno. El Sol le proporcionaba calor, pero también agostaba la tierra. El fuego le calentaba, la tormenta lo aterrorizaba, el agua inundaba sus campos y ahogaba su ganado. La idea que se hacía del poder externo era su fe primitiva y fundamental en Dios. Concibió sentimientos de amor o aversión para estos elementos o fuerzas de la naturaleza y el temor y la esperanza dieron lugar a la primera idea de religión. El hombre primitivo, en su razonamiento infantil consigo mismo, percibió que cuando otro hombre, más fuerte que él, estaba a punto de causarle un daño físico, podía congraciarse con el más fuerte ofreciéndole un soborno, haciéndole ciertos regalos o aplacándole de ciertas otras formas, con lo que apaciguaba la actitud beligerante del otro. A partir de ese burdo razonamiento, pasó a suplicar a las inteligencias de los vientos, las estrellas y las aguas, con la esperanza de que le escucharan y respondieran a sus oraciones. Procedió entonces a hacer ofrendas y sacrificios a los dioses del viento y de la lluvia.

Los poderes del bien y del mal

Los primeros hombres concibieron el Universo como un lugar lleno de innumerables dioses. Sus ideas de Dios se dividieron según las sensaciones de placer y de dolor y se derivaron exclusivamente de las fuerzas de la naturaleza. Dividieron los dioses y los genios en poderes beneficiosos y malignos, de ahí la universalidad de estas dos ideas, que aparecen en todos los sistemas religiosos.

A partir de esta breve revisión del origen y la causa de la culpabilidad, pasaremos a considerar casos específicos de culpabilidad.

Quiere ahogar a su madre

Hace unos meses me visitó una madre con su hijo, de ocho años de edad, que se hacía pis todas las noches. Le pregunté por qué, a lo que el chico me contestó: «Quiero ahogar a mi madre». En realidad, quería ahogar a su madre en resentimiento. De acuerdo con su formación religiosa, había aprendido que es erróneo odiar o tener resentimiento hacia alguien y experimentaba por ello una profunda sensación de culpabilidad. Se quejaba de su madre, diciendo que cuando se enfadaba le censuraba duramente: «Pequeño mocoso, eres un pecador, un chico malo. Dios te va a castigar. Vas a sufrir por esto que has hecho.» Luego, el niño añadió: «A mi hermano, en cambio, nunca le dice nada».

Le pedí a la madre que cambiara de actitud, que dejara de criticar a su hijo. Ella le dijo que lo amaba, que le importaba y que, para ella, era absolutamente igual que su hermano. La madre aprendió así una sencilla verdad: que los niños crecen a imagen y semejanza del ambiente mental dominante del hogar.

Ella rezaba frecuentemente lo siguiente: «John es hijo de Dios. Es amoroso, amable y cooperativo. Aumenta en sabiduría, comprensión y armonía y yo le irradio amor, paz, alegría y buena voluntad. Me lo imagino como un niño radiante, alegre y feliz. El amor de Dios llena su mente y su cuerpo. Duerme cada noche en paz y se despierta lleno de alegría. Dios lo ama y se preocupa por él. Está curado, entero y es perfecto.»

En apenas una semana se produjo la más completa curación. El hijo percibió subconscientemente las oraciones de la madre y respondió en consecuencia.

Luchó contra la autoridad

Un joven de 16 años acudió a verme. Tenía problemas con la policía, los profesores, los vecinos y estaba resentido con sus padres. Su padre era cruel y tiránico y, en ocasiones, le pegaba a su madre. El muchacho reaccionaba mostrándose hostil, beligerante y resentido. Reprimía la rabia que sentía hacia el padre, lo que se convertía para él en una llaga purulenta.

Le expliqué que se oponía a la autoridad porque luchaba psicológicamente contra la imagen del padre. Sus profesores y la policía local eran símbolos de autoridad. Conseguí reunir al padre y al hijo. Airearon su hostilidad y cólera hacia el otro y se dieron cuenta de que ambos estaban equivocados. Luego, padre, madre e hijo se reunieron cada noche y rezaron sinceramente por la paz, la armonía, la alegría y la comprensión del otro. Mientras seguían irradiando amor, paz y buena voluntad los unos hacia los otros, cambió toda la pauta de la vida en el hogar y al joven las cosas le van ahora maravillosamente bien en la escuela superior. La oración cambia las cosas.

Todos estamos sometidos a la autoridad

Hasta el presidente de los Estados Unidos está sometido a la autoridad. El Congreso tiene poder sobre él. Tenemos que vivir y adaptarnos a la autoridad. Vayamos donde vayamos, siempre hay una autoridad. Tenemos que aprender a controlar nuestros propios pensamientos, sentimientos y respuestas. Tenemos que hacernos cargo de nuestra propia mente. Al hacernos cargo de ella y decirle a la abigarrada tripulación: «Soy el amo, voy a ordenar mis pensamientos y a determinar a qué hay que prestar atención», seremos como el empresario que ordena a sus empleados que ejecuten sus instrucciones.

El hombre tiene que hacerse cargo de su propia mente y no permitir que los demás la gobiernen. El credo, el dogma, la tradición, la superstición, el temor y la ignorancia gobiernan la mente del hombre medio, que no es el amo de su propia mente, que actúa como si ésta no le perteneciera y que con frecuencia está gobernada y dirigida por las rancias supersticiones de los demás.

El significado de la conciencia

Tenemos que darnos cuenta que de la conciencia se deriva un gran sentido de culpabilidad. Muchas personas creen que la voz de la conciencia es la de Dios; pero no es así. La conciencia es el sentimiento interno y la voz de alguien más; con frecuencia, es la voz de la ignorancia, el temor, la superstición, las falsedades y conceptos extraños de Dios. Conocí a un muchacho que temía ser castigado por Dios porque no acudía a la Iglesia el domingo. Esa es la voz interna de la superstición y de las falsas creencias implantadas en su mente subconsciente por los padres o profesores. Esa creencia del muchacho le producía una sensación de culpabilidad y tenía la impresión de que debía ser castigado.

Cuando fue joven, se le transmitieron tabúes, restricciones, sermones y toda una serie de admoniciones advirtiéndole de «No hagas eso»; quizá se le dijo incluso que era malo, un pecador y que Dios le castigaría. Quizá se le dijo que le esperaba un lago de fuego si no se comportaba de acuerdo con un credo determinado y creía en él. Las mentes de los niños están contaminadas con toda clase de extrañas nociones y falsas doctrinas.

Tengo que ser castigado

Un joven me dijo: «Si voy en bicicleta sin las luces encendidas, siento que me tienen que castigar, o que me voy a caer porque mi madre me dijo: "Te caerás, te vas a hacer daño, eres malo y vas a ser castigado"».

¡No se le puede decir a un niño nada más desastroso! Sería mucho mejor decirle que no debería ir en bicicleta por la noche sin las luces encendidas. Sus padres deberían explicarle meticulosamente aquellas instrucciones que redunden en su propio bien, en su autoconservación. Es mucho mejor decirle a un chico que el amor de Dios siempre se ocupará de él, en lugar de asustarlo con sugerencias terribles e hipnóticas acerca de posibles peligros.

Hay una buena conciencia

A los niños nunca se les debe decir que nacieron en la iniquidad y fueron concebidos en el pecado. Se les debe enseñar que son hijos de Dios, que Dios es su verdadero Padre, y que Dios es amor. También se les debería enseñar que el amor no puede hacer nada que no sea amoroso. Naturalmente, eso es una buena conciencia en la que se le enseña la regla dorada: amar a los demás y se le inculca que la mejor política a seguir es la de ser siempre honesto. Cuando un joven está a punto de robar algo, hay dentro de él una voz que le dice: «No, no deberías hacer eso».

La madre y el padre están ahí para enseñar al niño la diferencia entre la mofeta y el gato, la diferencia entre lo que está bien y lo que está mal. El niño tiene que ir a la escuela, tiene que aprender modales y recibir una educación adecuada: aprende lo que está bien, lo que es cierto, noble y semejante a Dios. Y, sin embargo, ¿a cuántos niños se les enseñan hoy en día esas cualidades?

Nacido en el pecado

Enseñar a los niños que han nacido con la mancha del pecado original, porque Adán y Eva pecaron, no es más que verborrea eclesiástica, totalmente desfasada respecto de una interpretación moderna de la vida. El «pecado original» significa realmente que el hombre se ha olvidado de su origen divino y acepta los mandamientos y supersticiones de los hombres en lugar de las verdades de Dios. Cada niño del mundo nace dentro de la mente de la raza y de lo que su ambiente representa, y eso es también uno de los significados del pecado original.

Al conocer las leyes de la mente y de su propia divinidad, ya no se halla sometido uno a tabúes, restricciones, falsas creencias y el corrupto adoctrinamiento recibido en la juventud. Si desea limpiar las mentes de los niños, practique la presencia de Dios en el hogar; tenga pensamientos divinos y el hogar quedará saturado de un estado de ánimo o ambiente lleno de amor. Verá entonces cómo el niño crece a imagen y semejanza del ambiente dominante en el hogar; ese es el verdadero significado del bautismo. Si tiene un vaso de agua sucia, puede condenar, mostrarse resentido y maldecir indefinidamente, pero no por ello conseguirá un vaso de agua limpia. No obstante, si vierte siempre agua limpia en el vaso, tendrá agua limpia.

Ahora, ha muerto y se ha marchado

Muchas personas están llenas de culpabilidad porque no visitaron a su padre o a su madre antes de su transición hacia la siguiente dimensión. Lo que dicen suele ser lo siguiente: «Oh, traté mal a mi madre antes de que falleciera», «Mi esposo murió y yo siempre estaba fuera de casa», «No perdoné a mi padre y ahora ha muerto y se ha marchado».

La Biblia le ofrece la respuesta y le enseña a perdonarse a sí mismo y a los demás. Lo primero que debe hacer es darse cuenta de que no hay tiempo o espacio en el principio de la mente. En este preciso instante puede usted relajarse mentalmente y pensar en su madre, a quien cree que le causó daño de alguna forma. Imagine que habla con ella, que le dice lo amorosa y hermosa que es y lo mucho que la ama. Exáltela en su mente y dése cuenta de que la presencia de Dios está ahí y de que su amor, luz, verdad y belleza fluyen por ella; también debe darse cuenta de que ella está viva, con la vida de Dios. Deténgase en esta escena imaginaria hasta que perciba la fragante reacción que llene su alma de alegría. Siga representando esta escena mental y la reacción se producirá y se sentirá libre; su madre también se sentirá libre. La acción de Dios ha tenido lugar y su madre olvidará todo el incidente, lo mismo que usted. Tras este procedimiento se producirá una curación completa.

Borre esa herida psíquica

Si hace una grabación de una conversación, puede borrarla cuando quiera. Del mismo modo, también puede borrar esos traumas psíquicos de su mente subconsciente, grabando en ella las verdades espirituales de Dios. El nuevo tono de vibración de sus pensamientos borra las viejas pautas negativas del pensamiento que se encuentran alojadas en su subconsciente.

Mi conciencia es mi guía

Hace poco, un hombre me dijo: «Mi conciencia es mi guía». Escribía artículos vitriólicos en los que atacaba a cierto grupo religioso. Le expliqué el funcionamiento de su mente más profunda. Se dio cuenta entonces de que sus prejuicios, odios y pautas supersticiosas fueron implantadas en su mente subconsciente cuando era joven y que su condicionamiento mental era la razón de su resentimiento, hostilidad y antagonismo hacia otros grupos religiosos.

Muchas personas han terminado por ser víctimas de una despiadada superstición y de prejuicios ignorantes. Seguir la voz de la conciencia ha echado a perder las vidas de muchas personas. Alguien dijo una vez: «Escucho dentro de mí una voz que me impulsa a matar a mi suegra». La voz que escuchaba era muy real, como las voces y las escenas que se oyen y se ven en sueños. La mente subconsciente siempre está dramatizando las impresiones que causamos en ella. Es nuestro Libro de la Vida, que guarda un registro de todos nuestros pensamientos, sentimientos y convicciones. Le expliqué que su odio y resentimiento constantes hacia su suegra no era sino la expresión del asesino que llevaba en su corazón y que aquellos pensamientos perniciosos y destructivos penetraban constantemente en su mente y terminarían por saturar el subconsciente con la idea del asesinato. El subconsciente actúa al reaccionar y su ley es la de la compulsión; por ello, terminaría por cometer el asesinato en el que tanto pensaba. Las voces que escuchaba eran las de su propio subconsciente hablándole. La explicación que le ofrecí fue la cura. A partir de entonces, bendijo y rezó por su suegra, de modo que ambos llegaron a hacerse buenos amigos y ella le llama ahora «hijo mío».

La verdadera voz de Dios

Los que enviaron a miles de protestantes a la muerte en los tiempos de la Inquisición, lo hicieron en nombre de la conciencia. Esa conciencia representaba el odio y el fanatismo religioso. Los eruditos y arqueólogos han encontrado pruebas concluyentes de que, en la antigua Babilonia, los padres lapidaban a sus hijos hasta causarles la muerte por alguna pequeña infracción de ciertas leyes y reglas que ellos mismos habían promulgado.

Muchas de las personas que ahora caminan por las calles son víctimas de una conciencia neurótica. Las pautas de conciencia varían con las diferentes religiones, las influencias raciales y sociales. Tiene que aprender a diferenciar entre lo que llama conciencia y la voz de Dios. Dios siempre habla en paz, y nunca en la confusión. La voz de Dios siempre es constructiva, armoniosa y pacífica. La voz y las expresiones de intimidad de lo divino siempre son de vida, y tienden hacia una vida más abundante. Cada vez que experimente la necesidad de ir contra las leyes de la vida, como la regla dorada, los diez mandamientos o la epístola del amor de Pablo, en el capítulo 13 de Corintios, sabe muy bien que esa no puede ser la voz de la verdad o de Dios.

Se lavaba cien veces al día

Una mujer joven acudió a verme y me dijo que tenía que lavarse las manos unas cien veces al día y que siempre abrigaba el temor de contraer alguna infección. Esta mujer era católica y su esposo era judío. Eran felices juntos, hasta que ella empezó a recibir cartas de su madre diciéndole que había realizado un gran mal, añadiendo las amenazas religiosas a la condena moral. Le expliqué que el amor no conoce credo, raza o grupo sectario. El amor trasciende todos los credos. Además, comprendió que nadie podía descomponer un matrimonio en el que reinara el amor como bien supremo. Aprendió a reírse de sí misma por haberse alterado tanto. Comprendió por qué le escribía su madre aquellas cartas tan estúpidas. Se dio cuenta de que su madre tenía lavado el cerebro con tabúes religiosos, prejuicios y reglas estrictas de todo tipo y de que le escribía desde el punto de vista de la superstición, los prejuicios y la ignorancia y no desde el punto de vista de Dios o de la verdad. En Dios no hay un griego o un judío, ni vinculación o libertad, ni católico o protestante, hindú o ateo. Dios no tiene religión y no sabe nada de credos, dogmas y opiniones fabricadas por los hombres. Esta mujer joven aprendió a rezar y se imaginó que recibía de su madre una carta llena de amor, amabilidad y buena voluntad.

La carta imaginaria

Le conté la historia de Orage, un discípulo de P. D. Ouspensky, que enseñaba lo siguiente a sus alumnos: «Redacte una carta como si se la hubiese escrito su mejor amigo, dirigiéndola a sí mismo y que le satisfaga por completo en caso de recibirla. Exprese con palabras exactas lo que le gustaría que su amigo le escribiera o le dijera.»

Cada noche, esta mujer abrazaba imaginariamente a su madre, hacia la que irradiaba amor, paz y alegría; luego leía la carta imaginaria de su madre, que llenaba su alma de alegría. Continuó haciéndolo así cada noche, durante unas tres semanas y al final de ese período recibió una carta de su madre en la que ésta se disculpaba por sus cartas anteriores y en la que pudo leer casi las mismas palabras exactas que ella se había imaginado y con las que se había alegrado cada noche.

La moral es geográfica

En muchas partes del mundo, los hombres tienen varias esposas; esa es la costumbre o la tradición de su religión. La Biblia enseña que el amor se da entre dos almas que buscan el camino de regreso al corazón de la realidad. Si un occidental tuviera varias esposas, su conciencia podría destruirlo debido a su sentido de culpabilidad. Una mujer occidental no toleraría ser una de entre varias esposas, ya que en tal caso se sentiría culpable y probablemente enfermaría gravemente, tanto física como mentalmente.

La respuesta a los complejos de culpabilidad

«Y en vano me honran, enseñando como doctrinas mandamientos de hombres. Porque, dejando el mandamiento de Dios, tenéis la tradición de los hombres.»

En estos pocos versículos, expresado sucintamente, hallamos la respuesta a los complejos de culpabilidad de millones de personas supuestamente religiosas e inteligentes. ¿Está usted regido y gobernado por los pensamientos muertos y las envolturas y trampas doctrinales de sus padres y abuelos, o está controlado por Dios y sus verdades espirituales? Aprenda la gran ley de la vida. Dios es vida y esa vida busca expresarse a través de usted como belleza, armonía, alegría, amor, orden, ritmo y abundancia. El reino de Dios está en usted. La inteligencia infinita le conducirá y le guiará en todo su camino en cuanto se vuelva hacia ella y la convoque.

La moral de la gente varía en todo el mundo y es de naturaleza geográfica. Se basa en las costumbres y conceptos tradicionales del país concreto en el que se vive, o de la raza a la que se pertenece. Los estándares morales de las diversas culturas sólo son ciertos cuando se adaptan al principio de la vida, que busca permanentemente expresarse a través de nosotros en forma de armonía, salud, paz, alegría, amor, simetría y una vida más abundante.

«Tienes que creer en lo que decimos»

Fue la voz de la conciencia lo que indujo a las gentes de hace dos mil años a decirle a Jesús que no debía curar en sábado. Esos pensamientos y creencias tradicionales son contrarios a las leyes de la vida y son definitivamente malos y destructivos. ¿Le dice a sus hijos: «Tus padres conocen la única verdad; tienes que creer en lo que decimos, no debes pensar nunca por ti mismo, tienes que aceptar nuestro dogma»? Eso es desastroso y supone adoptar una actitud extremadamente dictatorial y totalitaria. Es muy posible que todo lo que les enseñe no sea más que una mentira, y que crezcan sintiéndose tan condicionados que cuando violen cualquiera de esos estúpidos y grotescos tabúes que usted les ha impuesto, experimenten complejos de culpabilidad y se sientan agobiados por el temor, procediendo a castigarse a sí mismos.

Rompa la mentira

Hay hombres y mujeres que viven sumidos en uno u otro odio y que son completamente incompatibles, pero que temen pedir el divorcio debido a convicciones religiosas. Son personas llenas de culpabilidad, convencidas de que Dios las castigará. Son víctimas de la formación y del dogma supersticioso implantado en sus mentes por las tendencias intolerantes de sus padres y de otros adultos. Prefieren vivir en la mentira antes que en la decencia de romper la mentira. Dicen: «Lo que Dios juntó, no lo aparte el hombre». Dios es amor y si el corazón es la cámara de la presencia de Dios y si el amor no une los corazones de un hombre y de una mujer, el matrimonio es una burla, una farsa, una vergüenza y una mascarada.

Dios no condena a nadie

Muchas personas están llenas de culpabilidad porque aceptan como correcto algo equivocado. Dios no condena a nadie. Dios ya le ha perdonado. Perdónese a sí mismo. Cambie su pensamiento y manténgalo cambiado. Piense en aquellas cosas que sean ciertas, justas, nobles y con las que pueda mantener una buena relación. Piense desde el punto de vista de la ley del amor. ¿Se le ocurriría desobedecer los principios de la química, la física, las matemáticas y la ingeniería? ¿Construiría una rueda descentrada? ¿Cree en supersticiones y prejuicios anticuados, muertos, grotescos e ignorantes en nombre de las convicciones religiosas, o ha examinado seriamente el funcionamiento de su mente? El científico moderno tiene que adaptarse a la ley natural; no puede cambiarla. Su religión también tiene que adaptarse a la ley natural. El resultado es la conciencia, que supone el tener conocimiento. La ley de la vida es la de la salud, la felicidad, la paz, el orden, la belleza, la acción correcta y la abundancia. El orden divino es la primera ley del cielo.

«No os acordéis de las cosas pasadas, ni traigáis a la memoria las cosas antiguas» (Isaías 43, 18).

«Olvidando ciertamente lo que queda atrás, y extendiéndome a lo que está delante, prosigo a la meta, al premio del supremo llamamiento de Dios en Cristo Jesús» (Filipenses 3, 12-14). Y entra en la gloriosa libertad de los hijos de Dios.

Puntos destacados y provechosos

1. La culpabilidad es una enfermedad mental y, en tal sentido, es anormal y antinatural. No se nace con un sentido de culpabilidad.
2. Un niño no tiene sentido del pecado. La primera sensación de culpabilidad se produce cuando nota que la madre está enfadada y disgustada con él.
3. Cuando al niño se le castiga por algo que no comprende, se siente confundido y llega a la conclusión de que tiene que ser malo.
4. Un niño captará de inmediato cualquier cosa que admire. Al niño se le tiene que educar gradualmente, enseñándole que puede conseguir lo que desea en la ley y el orden divinos, sin infringir los derechos de los demás.
5. Éste es un universo mental y espiritual y aquello que desee se lo tiene que apropiar mentalmente.
6. En los tiempos antiguos, durante las enfermedades epidémicas, las grandes sequías y otras plagas, la gente

sacrificaba bueyes, corderos y cabras para propiciar lo que supersticiosamente creían que eran unos dioses coléricos.

7. El hombre primitivo concibió amor o aversión para las fuerzas de la naturaleza y el temor y la esperanza dieron lugar a la primera idea de religión.

8. Las ideas que tenían los hombres primitivos acerca de Dios se dividían según las sensaciones de placer y dolor y se derivaban exclusivamente de las fuerzas de la naturaleza.

9. La razón de la enuresis de un chico puede deberse a que experimenta resentimiento respecto de su madre, hasta el punto de que psicológicamente quiere ahogarla.

10. Cuando un adolescente se enfrenta a los símbolos de autoridad, como policías, maestros y profesores, suele estar luchando y rebelándose contra su propio padre, debido al odio y al resentimiento latente.

11. Todos tenemos que someternos a la autoridad. Tenemos que vivir de acuerdo con las leyes de la sociedad y de Dios y adaptarnos a ellas.

12. La conciencia es su sentimiento interior y la voz de otros; a menudo es la voz de la ignorancia, el temor, la superstición y las falsedades implantadas en su mente por los padres y profesores.

13. Es un error asustar a un joven diciéndole que Dios lo castigará. Dios no castiga a nadie.

14. Hay una buena conciencia cuando a los niños se les enseña la regla dorada, el amor hacia los demás y que la mejor política a seguir es la honestidad.

15. El pecado original significa que el hombre ha olvidado su origen divino y acepta los mandamientos de los hombres como las verdades de Dios.

16. Perdónese a sí mismo si le ha causado algún daño a su madre. Exáltela en su mente. Sienta allí la presencia de Dios y dése cuenta de que su luz, amor, verdad y belleza fluyen a través de su madre. De ello se derivará una curación.

17. No permita que su conciencia sea su guía. Convoque a la inteligencia infinita para que le conduzca y le guíe. Su tendencia es siempre hacia la vida.

18. Las pautas de la conciencia varían con las religiones y las influencias raciales y sociales diferentes.

19. Dios no tiene religión y no sabe nada sobre credos, dogmas y opiniones creadas por los hombres. Dios es impersonal y no hace distinción entre las personas.

20. Si un hombre occidental tiene varias esposas, su conciencia podría destruirlo debido a su sentido de culpabilidad.

21. Decida ser controlado por Dios y sus verdades espirituales.

22. Fue la voz de la conciencia lo que hizo que, hace dos mil años, la gente dijera que Jesús no debería curar en sábado.

23. La moral de la gente varía en todo el mundo y es de naturaleza geográfica.

24. Es mejor romper la mentira antes que vivirla en la relación matrimonial.

25. Muchas personas están llenas de culpabilidad porque aceptan como correcto lo que en realidad está equivocado.

26. La ley de la vida es la ley de la salud, la felicidad, la paz, el orden, la belleza, la acción correcta y la abundancia.

13. La calidad mágica de la confianza

Es usted vida expresada. La vida se ha convertido en usted, que es un instrumento de su expresión. Es usted muy importante para la vida y tiene que reconocer el hecho de que la vida tiene un intenso interés en su bienestar, desarrollo y despliegue. Aquí tiene un trabajo especial; además, es usted diferente a cualquier otra persona del mundo. Tiene un aspecto diferente, sus pensamientos, sentimientos y convicciones son diferentes. Tiene una dotación natural especial, unas capacidades singulares y unos dones inherentes especiales. Está equipado para expresar la vida de una forma como nadie más en el mundo puede expresarla.

Aprenda a hacer lo que pueda y deba hacer, y habrá cumplido con su destino, con su razón para existir. Llene el nicho que le está reservado en la vida y sentirá su importancia en el esquema de las cosas. Está dotado de cualidades y facultades de imaginación, pensamiento, razonamiento y poder para decidir y actuar. La vida desea expresarse a través de usted en todas sus magníficas cualidades de energía, vitalidad, paz, amor, alegría y sabiduría.

El significado de la confianza

Confianza significa «con fe». La fe es la conciencia de la presencia y el poder de Dios dentro de usted. Mediante una fe humilde en sí mismo, como hijo de Dios, puede llevar una vida victoriosa y triunfante. Es posible que las dificultades sean muchas, que los obstáculos sean desafiantes y la oposición bastante formidable, pero con una verdadera confianza en sí mismo puede afrontar con elegancia y alegría todos los problemas. En compañía de Dios, puede avanzar por entre las vicisitudes de la vida con una confianza profunda, inconmovible y continuada.

En la Biblia hay un texto maravilloso que tiene gran importancia para todos aquellos que desean alcanzar autoconfianza. Muchos lo consideran como una de las afirmaciones más grandes y profundas de la Biblia. Se encuentra en la epístola de Pablo a los Romanos, y dice: «Si Dios está por nosotros, ¿quién puede estar contra nosotros?» (Romanos, 8, 31). Imprégnese mentalmente de la belleza y sabiduría de esta verdad, de modo que tome posesión de usted y pueda vivir con confianza. Yo enseño a las personas a personalizar el versículo, de modo que diga: «Si Dios está por mí, ¿quién puede estar contra mí?». Muchas personas se repiten estas palabras delante del espejo, cada mañana, durante tres o cuatro minutos, y me dicen que a medida que este pensamiento penetra en su mente, saben que pueden superar todos los obstáculos. Han tenido una experiencia espiritual, acompañada por una sensación de victoria.

Deposite su confianza en Dios

En la Biblia se leen estas maravillosas palabras: «Pero sin fe es imposible agradar a Dios; porque es necesario que el que se acerca a Dios crea que le hay, y que es galardonador de los que le buscan» (Hebreos, 11, 6). El ser humano tiene que confiar en el principio de la vida, que responde a su pensamiento y nunca le falla.

Hace pocos años pasé algún tiempo en el mar de Galilea, donde conocí a un hombre muy interesante, que me contó algunas cosas sobre sí mismo.

«Hace años —me dijo—, vivía en Alemania, donde tenía grandes propiedades. Confiaba en mis acciones, bonos, propiedades y en mis calificaciones académicas. Llegó la guerra y perdí a toda mi familia y terminé yo mismo en un campo de concentración. Una vez terminada la guerra, me liberaron y me encontré sin un céntimo. Descubrí así que todas las cosas desaparecen y que sólo Dios es suficiente. Me volví hacia él y me contestó. Y aquí me encuentro hoy, feliz, libre, con éxito y respetado por todos».

«¿Cómo rezó?», le pregunté. Me contestó que la sustancia de su oración había sido algo similar a lo siguiente: «Dios me muestra el camino. Me abre una nueva puerta. Me revela un nuevo camino de la vida. Dios me da confianza, paz, salud y riqueza. Dios me ha preservado y ha cuidado de mí; sé que continuará cuidando de mí ahora y siempre».

Este hombre había encontrado el secreto de la autoconfianza, de la seguridad en sí mismo. Los amigos acudieron en su ayuda, le dejaron dinero y se le abrió así una nueva oportunidad en un nuevo país. Ahora es más próspero de lo que jamás hubiera soñado.

Tenga una fe práctica

Muchas personas tienen fe en un sistema de teología o en ciertos dogmas eclesiásticos, pero no tienen una fe práctica y sus vidas son bastante caóticas. Otras, que pueden tener o no un sistema de teología, tienen una fe práctica, que se expresa en sus negocios, en su talento, en su hogar y en sus relaciones con la gente. La fe en Dios se tiene que demostrar en la mente, el cuerpo y en las cosas de cada cual. La fe en Dios y en todas las cosas buenas le llena de seguridad en sí mismo. La confianza da brillo a sus ojos, le permite adoptar una nueva postura y abrazar la vida de un modo renovado. Lleva una sonrisa en la boca. Está lleno de vitalidad y energía. La persona refleja la confianza que tiene en sí misma en su postura, modales, gestos, habla y en la mirada de sus ojos. Cada parte de sí misma revela la estimación o la imagen de sí.

El Señor es tu pastor

En el salmo 23, una de las oraciones más hermosas de la Biblia, David dijo que el Señor le guiaba, cuidaba y vigilaba como un pastor guía y protege sus ovejas. David indicó que un principio interior de guía le conducía hacia situaciones pacíficas, felices y alegres. Creía en él y ese principio le respondía.

¿Qué es el Señor? El Señor es la inteligencia infinita que está dentro de usted, que le creó y le mantiene, a usted y a todas las cosas. Tener seguridad y confianza en el principio interno y guía de la vida supone tener confianza y seguridad en sí mismo, en su sabiduría y poder. Supone estar seguros, que es lo contrario de la duda, el temor, la timidez y la inferioridad.

Afrontaba el más completo fracaso

Un conocido mío, al frente de una gran empresa, me dijo: «Me despierto por la noche con una sensación de pánico y saludo cada día con el agobiante temor de que suceda algo horrendo». Se sentía agobiado por una sensación de inseguridad y parecía estar convencido de que su empresa acabaría arruinándose. Debía grandes sumas de dinero y temía el fracaso completo. Añadió que cada noche leía partes de la Biblia, a pesar de lo cual persistía el temor.

Le di a este hombre una medicina espiritual, para que la tomara con regularidad. La receta fue la siguiente: «Sé y creo que mi empresa es la empresa de Dios; Dios es mi socio en todos mis asuntos. Soluciono todos mis problemas depositando toda mi confianza en la sabiduría de mi mente más profunda. Ahora descanso en paz y seguridad. Hay una solución armoniosa para todos mis problemas. Sé que todas mis relaciones de negocios están de acuerdo con la ley de la armonía. Trabajo armoniosamente con otros para conseguir que la felicidad, la prosperidad y la paz reinen en todas partes. La inteligencia infinita revela mejores formas de poder servir a la humanidad y estoy lleno de confianza en mi socio principal, que es Dios».

El hombre leyó esta meditación en voz alta de nueve a diez veces al día, sabiendo que estas vibraciones curativas terapéuticas pasarían desde su vista hasta su cerebro infectado por el temor. Sus oídos también escucharon el sonido de estas vibraciones suaves y curativas y, del mismo modo, las transmitieron a su cerebro. Durante diez días, continuó saturando su mente con estas verdades, por medio de la vista y de los oídos y consiguió así eliminar todos los pensamientos de temor. Su mente se llenó de paz y de seguridad en sí mismo.

Mejores formas de poder servir

Este empresario también empezó a darse cuenta de que su negocio le brindaba una magnífica oportunidad para servir a los demás. Dejó de trabajar frenéticamente y de exigir lo mismo a sus empleados. Al cabo de un mes, me dijo: «Ahora sé que mi empresa es un medio de expresión, un canal a través del cual el principio de la vida puede moverse para realizar un maravilloso servicio a mis empleados y al público, en general. Todas mis tensiones han desaparecido y he alcanzado la paz mental. El banco me ha adelantado dinero y mi negocio prospera y he recuperado la confianza.»

Un cálculo nuevo

Apruébese a sí mismo y haga un cálculo alto de sí mismo, porque es la expresión individualizada de Dios. Es un hijo o expresión del Dios vivo. Adopte esta actitud mental y perderá el sentido de inferioridad. Conozco a personas cuya fe parece estar depositada en el dinero que pueden ganar en la Bolsa, pero los valores de la Bolsa suben y bajan. El nuevo cálculo que debe hacer es el de su profunda convicción y confianza en aquello que nunca cambia, es decir, en los valores espirituales de la vida, en las leyes de su mente y en el principio de la vida, que sigue siendo el mismo ayer que hoy y que siempre. Las teologías, las filosofías, las decisiones gubernamentales, los valores fiscales aparecen y desaparecen, van y vienen. Los gobiernos caen, las guerras y las huelgas hacen que el dinero pierda su valor. A veces, las inundaciones, los huracanes y otros cataclismos de la naturaleza arrasan ciudades, pueblos y hogares. En este modo, todo desaparece y está sujeto al cambio.

Adquirir autoconfianza

Para adquirir verdadera autoconfianza, debe tener fe en el principio eterno de la vida que hay en usted, que lo ha creado a usted y también al mundo. Mediante el estudio y la aplicación, debe desarrollar la confianza en las dos fases o funciones de su mente, la consciente y la subconsciente. La mente subconsciente responde a su pensamiento habitual. Puede elegir sus pensamientos, imágenes, reacciones y respuestas ante la vida. Puede canalizar sus emociones de una forma constructiva. Puede desarrollar confianza en la mente subconsciente del mismo modo que la tiene en la química, la física, las matemáticas o la electrónica para producir un aparato de radio o de televisión. El médico tiene confianza cuando empieza a operar, porque conoce la cirugía, la anatomía, la fisiología y otras ciencias básicas relativas al cuerpo humano.

Nací en el lugar equivocado

Muchas personas dicen: «Soy tímido, no soy bueno, me siento avergonzado, nací en el lugar equivocado, no tuve una buena educación, no fui a la Universidad». Todos esos pensamientos negativos pasan por la mente de la gente, que suele reaccionar con una actitud de autoprotección. Algunas se retiran dentro de sí mismos, diciéndose: «Deseo estar solo». Rechazan la compañía, se concentran en sí mismos y sus mentalidades se deforman. Temen ser heridos, así que no van a las casas de los demás ni a las fiestas locales para no sufrir ningún daño psíquico.

Esta actitud mental se debe a un sentido de rechazo, pues no confían en el Dios-sí mismo que tienen dentro. Muchos de esos traumas psíquicos se remontan a la infancia, cuando quizá los padres les dijeron: «No eres bueno, nunca llegarás a nada. Serás un borracho como tu padre», etcétera.

La forma de superar todo complejo de inferioridad y de rechazo es la de darse cuenta de que puede cambiar su concepto de sí mismo y saber que las condiciones, circunstancias y acontecimientos no son la causa de nada, sino únicamente el efecto. La causa básica de todos los temores es la de creer que lo externo es la causa. La causa de todo está en su propia mente y espíritu.

Dominar el complejo de inferioridad

Puede hacer todo lo que haga a través del poder de Dios que le fortalece. Sienta que la presencia de Dios fluye a través de usted en forma de fortaleza, belleza, amor, paz, seguridad y de que está en el lugar correcto. Tome conciencia de ser uno con Dios y de que al pensar en armonía, salud, paz, alegría, poder y felicidad, la presencia de Dios le responde produciendo todas esas cualidades en su vida. A medida que la presencia de Dios fluye a través de esas pautas de pensamiento, se vuelve creativo; se convierte en aquello que desea ser, al margen de lo que digan, hagan o piensen otras personas.

Puede desterrar todo complejo de inferioridad al afirmar, sentir y conocer las verdades que encontrará en la siguiente oración: «Soy un canal para la vida, el amor, la verdad y la belleza de Dios. Soy una expresión de Dios. Dios es mi padre. Dios me ama y me cuida. Soy una expresión singular de Dios y no hay nadie en el mundo como yo. Dios busca expresarse de una forma única y extraordinaria a través de mí. Soy la conducción de su poder y su fortaleza y cada día de mi vida no hago sino expresar más y más mi poder oculto. Irradio amor y buena voluntad hacia todos y deseo para todos lo que deseo para mí mismo. Soy uno con mi Padre, y mi padre es Dios.»

Piense en estas verdades varias veces al día, sobre todo, antes de dormirse por la noche y descubrirá que desaparece ese complejo de inferioridad y rechazo. Recuerde que cuando ofrezca pensamientos vitales y nuevas pautas mentales a su mente subconsciente, esta última acepta la nueva imagen y el pasado queda borrado y expulsado de la mente subconsciente. La oración cambia la mente subconsciente al eliminar todas las pautas subjetivas que causaron los problemas. La oración llena su mente con las verdades de Dios, eliminando con ello de la mente todo aquello que no sea semejante a Dios o a la verdad.

Se sintió arrastrado por el pánico

El ya fallecido Henry Hamblin, editor de *Science of Thought Review*, en Londres, me dijo que un domingo por la mañana recibió una llamada de un ministro de la congregación local. Fue entonces cuando empezó a escribir sobre cosas espirituales. El ministro quería que Hamblin le sustituyera esa mañana. Nunca había dirigido un servicio religioso para la congregación y no conocía la rutina o el procedimiento. Dijo que se sintió arrastrado por el pánico, completamente consternado, con un mal presagio y que unos escalofríos le recorrieron la espalda. Empezó entonces a preguntarse: «¿Dónde está mi confianza? ¿Dónde está mi fe en las cosas que son correctas?» No dispuso de tiempo para abrir la Biblia o preparar un sermón. Se dirigió al estrado y la gente empezó a cantar los himnos y después inició la oración de acción de gracias.

Él comenzó a decirse a sí mismo: «Dios me guía y me revela lo que debo decir». De repente, acudió a su memoria una cita: «Alzaré mis ojos a los montes. ¿De dónde vendrá mi socorro?» (Salmos 121, 1). Entonces, se rindió mentalmente y afirmó: «Me rindo; Dios se hace cargo de la situación y habla a través de mí». Inmediatamente se disipó la carga del temor. Se sintió elevado por el Espíritu, de modo que vio intuitivamente en los corazones de los presentes. Los vio esforzándose, forcejeando, arrastrándose, discutiendo por las migajas de la vida. No parecían saber hacia dónde iban. Dijo que, aparentemente, vio en los corazones de toda la humanidad.

Esta fue una visión cósmica que le transmitió el Espíritu. Vio las esperanzas, los temores de la gente, sus amores y sus odios, su alegría, sus deficiencias y fragilidades y sus negligencias, todo simultáneamente. Entonces se apoderó de él una divina compasión por todos ellos. Luego, la visión se desvaneció tan repentinamente como se había iniciado y empezó a hablar. Toda la congregación quedó hechizada. Todos se sintieron poseídos e imbuidos por el Espíritu santo. Fue el hecho de haber reconocido el Espíritu dentro de él lo que le infundió la confianza que necesitaba. Los miembros de la audiencia sintieron los tonos espirituales intangibles e invisibles que los impregnaron subjetivamente. Él descubrió así el poder que mueve el mundo y que contesta cuando se le llama. Esa es la forma de crear autoconfianza.

No le podía proponer relaciones

Un hombre joven que me escuchó una mañana hablando por la radio, me escribió para decirme que era demasiado tímido como para proponerle relaciones a una chica y que cada vez que lo intentaba se le anudaba la lengua y sentía verdadero pánico. El temor lo mantenía inactivo.

Al hablar con él, le sugerí que cada noche, antes de acostarse, imaginara que actuaba tal y como deseaba actuar cuando se encontrase en presencia de la chica. Se imaginó entonces como un amante ardiente y dijo: «Así es como le voy a proponer relaciones». Luego, se representaba una y otra vez el acto imaginario, y lo hacía cada noche. Procuró que esta película mental fuese lo más vívida posible. Resaltó para sus adentros que era perfectamente capaz de comportarse de ese modo, de una forma serena y equilibrada. Veinte días después de iniciado el ejercicio, se dirigió a casa de la chica y con fe, fervor y seguridad en sí mismo, le propuso relaciones y ella aceptó.

Se puede superar

Son demasiadas las personas que sienten una especie de grosera timidez hacia la vida. Póngase la armadura completa de Dios sabiendo que Dios piensa, habla y actúa a través de usted. Si se siente inferior a la vista de un dilema, de una situación desconcertante o de una cierta tarea a realizar, empiece por pensar en todas las razones por las que puede superar, alcanzar y llegar a la feliz solución que anda buscando. Dígase a sí mismo: «Dominaré esta situación a través del poder del Todopoderoso».

Todos sabemos que Abraham Lincoln se sintió inferior respecto de la tarea que se le había asignado de preparar un discurso para conmemorar la batalla de Gettysburg. Rezó para encontrar guía, estudió partes de la Biblia y le pidió a Dios que le proporcionara consejo y fortaleza. Abordó el tema con humildad, simplicidad y un profundo respeto por todo lo divino. «Es menester que el que a Dios se allega, crea que le hay, y que es galardonador de los que le buscan.» Lincoln estaba convencido de que Dios siempre contestó a su oración. Su simplicidad, devoción a la verdad y humildad ante Dios le hicieron producir el discurso más grande de la historia.

Superado divinamente

Al enfrentarse a un problema difícil, debe ser consciente de la divinidad que hay dentro de usted y decirse a sí mismo: «Este problema está superado divinamente porque veo a Dios y todo aquello que necesito saber y hacer, Dios me lo revela». Siga adelante y afronte la situación, haciendo todo lo que pueda y descubrirá que el Espíritu infinito le ayuda y le asiste.

Invierta sabiamente

No despilfarre su energía. Vigile la forma de gastar sus pensamientos, procurando que todos ellos se inviertan sabiamente. Recuerde que la ley de la frugalidad tiene que prevalecer en su mente, y que tiene que economizar en sus suposiciones mentales. Debe asumir que Dios existe y que le contesta. «Es pues la fe la sustancia de las cosas que se esperan.»

La fe es percibir la realidad de la idea, del pensamiento o de la imagen en su mente. Tiene usted fe cuando sabe que la idea que se ha hecho en su mente de un libro, una obra, una composición o un invento es tan real como su mano o su corazón. Esa es la sustancia de las cosas que se esperan, la evidencia de las cosas que no se han visto. Yo no veo el nuevo invento en su mente, pero puesto que usted lo acepta y le presta atención, se producirá la ley del crecimiento. Del mismo modo que sucede con una semilla en la tierra, atraerá todo lo necesario para su despliegue.

Es muy extraño observar cómo espera la gente salir adelante en la vida, ser feliz, tener riquezas, sin organizar sus facultades mentales o incluso sin saber nada sobre ellas. A nadie se le ocurriría hacer funcionar un coche sin experiencia previa, o un laboratorio químico sin saber nada de química. El pensamiento es un proceso tan real y definitivo como la fabricación del hidróxido de sodio o del bicarbonato de sosa. Se piensa con la propia mente y se pueden realizar maravillosas combinaciones mentales que transformarán su vida. Los pensamientos son cosas y, el hombre será lo que piense en su corazón.

Destierre la preocupación

Preocuparse supone desviar deliberadamente la atención del bien que desea alcanzar para concentrarse mentalmente en los aspectos negativos de la vida. Sus pensamientos dan vueltas y vueltas mientras busca a tientas una forma de salir del dilema. Regrese desde la periferia al centro, donde habita Dios, y encuentre ahí la respuesta.

Al intentar formarnos imágenes mentales, tenemos que percibir la imagen. Ésta debe tener una tonalidad emocional que la vitalice. La escena imaginada es una dramatización, una serie de pautas mentales que usted siente como ciertas. La mayoría de la gente emprende un negocio o realiza otras actividades con una imagen mental equivocada, lo que produce toda clase de problemas en sus vidas. Sus mentes están desnudas. La mente tiene que revestirse con la fe en Dios y en todas las cosas buenas. Tiene que creer permanentemente en la bondad de Dios, en su guía, en la presencia que lo supera todo. Una vez que su mente esté revestida de ese modo, se habrá puesto las vestiduras de Dios. Nunca se le ocurriría acudir vestido con ropa deportiva a un banquete presidencial, como tampoco se pondría un pijama para ir a una piscina pública. ¿Se ha revestido mentalmente para Dios, o está su mente llena de harapos y de vestiduras desgarradas y ajadas? Debe ponerse unas vestiduras mentales determinadas para todas las ocasiones. Cuando emprenda un viaje, sepa que «el amor divino va por delante de mí, haciendo que mi camino sea recto, hermoso y alegre».

Cómo llevar una vida encantada

La Biblia afirma con claridad que si se pone el ropaje mental de la fe será como los hombres «que por fe conquistaron reinos, hicieron justicia, alcanzaron promesas, taparon bocas de leones, apagaron fuegos impetuosos, evitaron el filo de la espada, sacaron fuerzas de la debilidad, se hicieron fuertes en las batallas, pusieron en fuga a ejércitos extranjeros» (Hebreos, 11, 33-34).

Esas son las cosas maravillosas que se consiguen depositando la confianza en Dios. Puede descubrir que, a medida que aumenta su conciencia del poder de Dios en su mente, empieza a superar todos los obstáculos que hasta entonces le parecían insuperables. Hay personas que han escapado de incendios, inundaciones, huracanes, desastres marítimos, leones amansados y de los estragos de la guerra. Nada les sucedió; parecía que llevaran una vida encantada. Se hallaban, en efecto, rodeados por el hechizo de Dios. Estaban embriagados de Dios tras haber reconocido y recibido el anticuerpo divino, la presencia de Dios en medio de ellos, poderosa para curar, salvar y proteger.

La buena vida

William James dijo: «Crea en la buena vida y crea que merece la pena vivir y su convicción hará que eso se convierta en un hecho».

Deje de identificarse con el fracaso, la escasez y la limitación. Únase con sus objetivos y aspiraciones. La timidez es un estado mental. Habitualmente, los tímidos son consumados egotistas que tratan de ocultar su egotismo en la reclusión mental. El tímido tiene que hacer aquellas cosas que teme, con lo que se dirige hacia la muerte por temor. En el juego de la vida, tenemos que ganar con placer y perder con una sonrisa.

Demóstenes tartamudeaba mucho. Decidió convertirse en un gran orador y perseveró hasta que ganó la batalla. Alcanzó la victoria gracias a su confianza en el todopoderoso, que hace que todas las cosas sean posibles para quien crea en Él.

Era vergonzoso, tímido y retraído

Henry Ward Beecher pronunciaba unos grandes sermones clásicos que movían las almas. Cuando era un muchacho, sin embargo, estaba lleno de temores, era vergonzoso, tímido y retraído. Hablaba de forma defectuosa debido a un paladar anormalmente grande. Se entregó a un constante parloteo, que fue como una compensación subconsciente de su defecto. Estaba convencido de que terminaría por convertirse en un gran orador. Se convirtió en aquello que creía que llegaría a ser: el famoso predicador de la Iglesia de Plymouth. El desánimo raras veces deprime al hombre que se concentra en el despliegue de un deseo definitivo. Aquel que encuentra a Dios dentro de sí mismo, pierde su sensación de aflicción y sufrimiento.

La risa es una buena medicina

Los griegos ya dijeron que la risa es de los dioses. La risa es una medicina para muchos problemas. El hombre es el único ser capaz de reír; los animales no pueden reír. La risa le permite restaurar la debida perspectiva, aleja la atención de sí mismo y le permite pensar con claridad y decisión. Procure reírse de sus temores. Procure reír cuando alguien le irrite y, sobre todo, ríase de los errores estúpidos y tontos cometidos durante la jornada. Ríase de sí mismo por ser tan rígido y serio. Cuanto más grande sea el problema, más buen humor necesitará. Allí donde la risa de Dios se apodera del alma del hombre, no hay autocompasión ni autocondena. Hace pocos días oí a un muchacho decirle a su madre: «Me reí por no echarme a llorar». Al muchacho se le cayeron unos huevos y una botella de leche en la calle y en lugar de echarse a llorar, se echó a reír. No sirve de nada llorar por la leche derramada.

El centro sagrado

Regrese al centro que está dentro de sí mismo, donde habita Dios. Allí está toda la paz, la bendición, la armonía y la alegría. Allí se vive más allá del tiempo y del espacio. Está usted a solas con Dios. Se encuentra en el centro sagrado del amor eterno de Dios. Usted se yergue sobre esa roca. Es impenetrable e invulnerable y nada puede afectarle, ni siquiera toda la negación del mundo. Dios, por su propia naturaleza, está para usted, ¿quién puede estar entonces contra usted? No hay ningún poder en el mundo que lo aleje del éxito, del logro y de la realización de los deseos de su corazón, porque la percepción de la unicidad con Dios le da absoluta confianza en la realización de todos sus sueños.

Armas para salir adelante en la vida

1. Si Dios está para mí, ¿quién puede estar contra mí? Personalice este versículo y superará toda sensación de inferioridad.
2. Debe tener confianza en el principio de la vida, que responde a su pensamiento y que nunca le falla.
3. Su fe en Dios debe manifestarse en su negocio, en la expresión de sus talentos, en su hogar y en sus relaciones con la gente.
4. Hay un principio interior que le guiará hacia situaciones pacíficas, felices y alegres.
5. Tener confianza y fe en el principio interior de la vida que le guía es tener confianza y seguridad en sí mismo.
6. Es usted vida expresada y la vida está intensamente interesada en su bienestar, desarrollo y despliegue.
7. Para alcanzar éxito en los negocios, debe darse cuenta de que Dios es su socio más importante y de que la presencia de este Dios dentro de usted le guía, le dirige y le cuida en todo lo que haga.

8. Debe darse cuenta de que su empresa es una oportunidad para servir a los demás. Afirme que la inteligencia infinita le revela mejores formas de servir a los demás.

9. Apruébese a sí mismo y téngase en alta consideración, porque es una expresión individualizada de Dios.

10. Para adquirir realmente confianza y seguridad en sí mismo, debe tener fe en el principio eterno de la vida que le creó a usted y al mundo.

11. La causa básica de todo temor es creer que las cosas externas son las causas. La causa de todo es el poder creativo que está en su mente. Cambie su pensamiento y podrá cambiar su destino.

12. Puede hacerlo todo a través del poder de Dios, que le fortalece.

13. Puede superar el terror al escenario escenificando el acto imaginario una y otra vez, procurando que la película mental que se haga sea lo más vívida posible.

14. Si se siente inferior ante un dilema, dígase a sí mismo: «Lo superaré mediante el poder del Todopoderoso».

15. Cada problema se supera divinamente porque Dios habita en usted.

16. Se tiene verdadera fe y confianza en el futuro cuando se sabe que la idea que se hace en su mente de un libro, una obra, una composición, un invento o un viaje es tan real como su mano y su corazón.

17. En la imagen mental, tiene que sentir esa imagen. Ésta debe tener una tonalidad emocional que le infunda vitalidad.

18. A medida que en su mente aumenta la conciencia del poder de Dios, podrá superar todos aquellos obstáculos que le parecieron insuperables.

19. Crea en la buena vida, crea que merece la pena vivirla y su convicción hará que eso se convierta en un hecho.

20. El desánimo no deprime al hombre que se concentra en el despliegue de un deseo definitivo.

21. La risa restaura la perspectiva, aleja la atención de sí mismo y le permite pensar con claridad y decisión.

22. Dios, por su propia naturaleza, está para usted. ¿Quién puede estar, entonces, en contra de usted?

14. La voluntad de Dios y la de usted

Un hombre me comentó una vez que sería feliz, alegre y tendría éxito si Dios le dejara a solas. Ese hombre estaba realmente convencido de que Dios le hacía sufrir. De algún modo, creía poder dirigir el Universo mejor que Dios. Me dijo: «Odio a Dios por todos los fracasos, problemas y tragedias que me ha causado».

Le expliqué que Dios no tenía nada que ver con la aflicción, el sufrimiento y las tragedias de la vida. El hombre experimenta enfermedad, dolor, sufrimiento y fracaso debido a su propio pensamiento negativo y destructivo. El hombre se castiga a sí mismo con las leyes naturales de causa y efecto. El castigo desaparece en cuanto el hombre deja de hacer las cosas mal. También le señalé que es una blasfemia decir que Dios envía la aflicción, la enfermedad y el sufrimiento al hombre. Antes al contrario, es el hombre el que se las causa a sí mismo con su propio pensamiento erróneo y su ignorancia de las leyes de su propia mente.

El hombre no debe acusar a Dios por el hecho de haber cometido errores debido a la ignorancia y la experiencia. Los poderes y las fuerzas de la naturaleza no son malos, sino neutrales. El bien y el mal se encuentran en el movimiento de nuestras propias mentes, en la forma de pensar y actuar y en la actitud que adoptamos con respecto a las cosas, y no en las cosas en sí mismas. El viento que impulsa el barco de vela hacia las rocas también le permitirá llegar sano y salvo a buen puerto. La electricidad no es mala en sí misma, pero el hombre tiene que usarla del modo correcto, ya que, de otro modo, puede electrocutarse a sí mismo y a los demás.

La mente subconsciente del hombre no es mala, pero si piensa mal, se producirá el mal; si piensa el bien, se producirá el bien. El hombre tiene que decidir qué clase de semillas (pensamientos) quiere plantar en el jardín de su mente, porque las semillas (los pensamientos) crecen según los de su misma especie. Las ideas contenidas en este capítulo demostrarán ser muy beneficiosas para el ser humano que las lea y las aplique.

No hay nada bueno o malo

Shakespeare dijo: «No hay nada bueno o malo, sino que es el pensamiento el que lo hace así». El problema que pueda usted tener en este momento es una maravillosa oportunidad para que lo supere. Puede afrontar el desafío. Hay sabiduría y poder dentro de usted, que le permitirán superar el problema. Si no tuviera problemas, dificultades y desafíos en la vida, nunca crecería. El problema no es malo; eso es algo que depende de su forma de pensar al respecto. Debe tomar conciencia de que su dificultad o problema es una maravillosa oportunidad para trascenderlo y demostrar su capacidad para superarlo.

Estaba amargado y resentido

El señor Jones, casi sordo y ciego, se sintió amargado y resentido durante años, diciéndose continuamente: «¿Por qué Dios me ha hecho esto?» Se sentía inseguro e inferior. Tenía grandes dificultades para ver y el aparato que utilizaba para oír no era satisfactorio y le causaba grandes molestias. No quería que sus amigos supieran que se estaba volviendo gradualmente ciego y sordo, y se sentía azorado cuando le decían: «Ayer te vi en el club y no me dirigiste la palabra». Presentaba entonces sus excusas y se intensificaba el resentimiento y la cólera que sentía contra su situación.

El señor Jones hizo una lista de todas sus bendiciones. Dios las gracias por la esposa amorosa y fiel que tenía, por sus tres brillantes hijas, por un hogar encantador, por sus maravillosos amigos y todos sus amables vecinos. Dejó de acusar a Dios por lo que le sucedía y admitió que había ciertas personas a las que no quería ver y las voces de determinados parientes que no quería escuchar. Superó su situación mediante la bendición y la liberación mental de sus inhibiciones y rezó constantemente lo siguiente:

«Mi visión es espiritual, eterna y es una cualidad de mi mente. Mis ojos son ideas divinas y siempre me funcionan perfectamente. Mi percepción de la verdad espiritual es clara y poderosa. La luz de la comprensión desciende sobre mí; cada día veo más y más la verdad de Dios. Veo espiritual y mentalmente, veo físicamente. Por todas partes veo imágenes de verdad y belleza. La infinita presencia curativa está reconstruyendo ahora mis ojos, en este preciso momento. Son instrumentos perfectos y divinos que me permiten recibir mensajes del mundo que hay dentro y fuera de mí. La luz de Dios se revela en mis ojos y oídos.

»Escucho la verdad, amo la verdad, conozco la verdad. Mis oídos son ideas perfectas de Dios que funcionan siempre a la perfección. Mis orejas son instrumentos perfectos que revelan la armonía de Dios que hay en mí. El amor, la belleza y la armonía de Dios fluyen por mis ojos y oídos; estoy sintonizado con el infinito. Escuchó la voz tenue y silenciosa de Dios dentro de mí. La presencia curativa acelera mi oído y mis orejas se abren y son libres.»

Al cabo de un mes experimentó un gran cambio en su personalidad y su visión y su oído mejoraron notablemente. De hecho, empezó a ver y a oír casi con total normalidad. Trascendió su problema. Transformó aquello que antes había considerado como un mal en un gran bien y ahora es feliz, se siente alegre y libre.

La voluntad de Dios y la de usted

Longfellow dijo: «Querer lo que quiere Dios es la única ciencia que nos permite descansar». Es la voluntad de Dios que todos seamos sanos, felices y alegres y que llevemos unas vidas llenas de experiencias maravillosas, que expresemos más y más sabiduría, verdad y belleza, día tras día y semana tras semana, hasta convertirnos en el ser humano que Dios tuvo la intención de que fuésemos: un ser humano feliz, alegre, libre, iluminado e inspirado, que camina por la Tierra teniendo siempre la alabanza a Dios en sus labios.

Un trágico error, cometido con frecuencia por muchos, consiste en asumir que la voluntad de Dios para ellos está vinculada con algo malo y poco invitador si es que no es directamente desagradable. La pervivencia de ese concepto tan extraño se debe a que esas personas consideran a Dios como un amo duro o como una especie de caprichoso tirano que vive en los cielos, dedicado a castigar a sus hijos desobedientes.

La verdad, incomparablemente maravillosa, es que la voluntad de Dios para nosotros significa una mayor paz, una mayor autoexpresión, más sabiduría, más y más brillantes experiencias, una salud radiante, prosperidad permanente y toda la capacidad para prestar un mayor y más amplio servicio a los demás. En resumen, la voluntad de Dios para usted es que la vida sea más abundante. Si Dios tuviera para usted la voluntad de que estuviera enfermo, querría decir que todos los médicos, psicólogos, enfermeras, sacerdotes, ministros y rabinos estarían trabajando en contra de la voluntad de Dios y eso, claro está, es la quintaesencia de lo absurdo.

Si un ser humano está enfermo, se siente frustrado, está solo, aburrido, empobrecido o es como una especie de clavija cuadrada en un agujero redondo, puede estar seguro de que no expresa la voluntad de Dios. Y mientras el ser humano no exprese la voluntad de Dios, experimentará discordia y confusión en su vida. Pero cuando el hombre se une con Dios y expresa su voluntad, la armonía, la paz, la vitalidad y la prosperidad pasarán a formar parte de su experiencia.

La voluntad o la tendencia de Dios

La voluntad de Dios, según lo expresó tan elocuentemente el juez Thomas Troward, autor de las Conferencias de Edimburgo y otras obras sobre la ciencia mental, es la tendencia de Dios y siendo Dios vida, no puede desear nada que vaya en detrimento de sí mismo. La vida se siente a sí misma como amor, alegría, paz y belleza y su tendencia es la de expresar su propia naturaleza, que fue la misma ayer que hoy y que siempre.

La voluntad de Dios es la naturaleza de Dios y es amor; en consecuencia, Dios no puede desear nada que no sea amoroso. Dios es la paz absoluta y no puede desear para usted discordia, caos y confusión. Dios es vida y no puede desear la muerte; eso sería una contradicción en su propia naturaleza. Dios es la alegría absoluta y no puede desear la aflicción o la pena. Dios es la armonía absoluta y sin paliativos y no puede desear la enfermedad. Dios es la riqueza infinita de todo tipo y no puede desear la pobreza; pensar así sería como negar su abundancia. La voluntad de Dios para usted es algo que trascienda sus mayores sueños. Es un error, por tanto, decir: «Soy pobre, débil, estoy enfermo, me siento cansado, estoy sin dinero», porque entonces se produce ese mismo estado debido a sus afirmaciones negativas y destructivas, que se alojan en su mente subconsciente y que brotan como experiencias y acontecimientos en su vida.

Su poder para decidir

Está usted aquí para crecer, expandirse y desplegarse y si al nacer tuviera desarrolladas todas sus facultades, nunca se descubriría a sí mismo. Si, por ejemplo, se viera impulsado a amar a su cónyuge, nunca tendría libre albedrío. Por eso dice: «Elijo a... de entre todas las mujeres del mundo para que sea mi esposa ante la ley». No es usted un autómata; tiene libertad para entregar amor o para retenerlo. Tiene capacidad para decidir, elegir y tomar una decisión a través de su capacidad para razonar.

Al principio, el ser humano examina el mundo tridimensional y está gobernado por las apariencias y condiciones, hasta que despierta y toma conciencia de que, a través de sus propios pensamientos y sentimientos, puede controlar y dirigir su vida. Poco a poco, despierta a la verdad de que las circunstancias y situaciones son los efectos, y no las causas. Todas las situaciones exteriores se hallan sometidas a cambio. En la medida en que el ser humano cambia su mente, cambia también su cuerpo, ambiente y condiciones.

El significado de la voluntad

El diccionario define la voluntad como elección, intención, inclinación, determinación y tendencia y para convertirla en la voluntad de la omnipotencia tiene que animarla, darle vida dentro de sí mismo mediante su entusiasmo, sentimiento y animación, hasta que quede integrada en la mente subconsciente. Cuando el ser humano aprende a elegir sabiamente, elegirá felicidad, paz, seguridad, alegría, salud, abundancia y todas las bendiciones de la vida. Entronizará los valores espirituales y las verdades de Dios en su mente, que se ocupará de estas verdades eternas hasta que pasen a formar parte de su conciencia de la misma manera que una manzana pasa a formar parte de su corriente sanguínea. Elija en su vida la guía divina, la acción correcta, el orden divino y el éxito divino. Lo que es cierto de Dios lo es también de usted, pues Dios habita en usted. Dios siempre tiene éxito, ya se trate de crear una estrella, un planeta, un árbol o el cosmos. Por ello, nació usted para alcanzar éxito, porque lo infinito no puede fracasar.

El hombre con mentalidad mundana, víctima de la mente de la raza, elige inconscientemente la enfermedad, la mala suerte, la privación y la limitación de todo tipo. No se da cuenta de que los pensamientos son cosas, de que se convierte en aquello mismo que imagina y de que atrae aquello mismo que siente. Si el hombre no desarrolla su propio pensamiento, serán los periódicos, los vecinos y la mente de la raza quienes lo hagan por él y su vida será un caos. «Escogeos hoy a quién sirváis» (Josué, 24, 15).

Hágase la voluntad de Dios

Debe darse cuenta de que la voluntad de Dios se expresará a través de usted en todo momento. Procure adquirir el hábito de que la voluntad de Dios se expresa en todos los aspectos de su vida, asegurándose, claro está, de que sabe lo que quiere dar a entender al decir: «Hágase la voluntad de Dios».

Dios es amor interminable, bendición absoluta, belleza indescriptible, inteligencia infinita, armonía absoluta, es omnipotente, paz suprema y absoluta. No hay divisiones o enfrentamientos en lo absoluto. Dios es infinitamente bueno, perfecto y autor únicamente del bien perfecto. Rece correctamente del siguiente modo: «La voluntad de Dios se está poniendo de manifiesto en mi vida como armonía, salud perfecta, felicidad, paz, alegría, abundancia, amor y expresión divina perfecta. ¡Es maravilloso!»

Si medita con regularidad sobre esta oración, su ambiente y sus circunstancias actuales cambiarán mágicamente y se verán transformadas en la semejanza de aquello mismo que contempla. Ahora, cuando dice: «La voluntad de Dios está actuando en mi vida», eso tiene un significado magnífico y hermoso de gemas espirituales. Al decir: «El plan de Dios se manifiesta en mi vida», eso también tiene un significado nuevo y maravilloso. El plan de Dios es la voluntad de Dios y su plan sólo puede ser belleza, orden, simetría, amor, salud y todas las cosas buenas de la vida. El plan de Dios para usted sólo puede ser el de expresar más de sí mismo a través de usted, moverse siempre hacia delante, hacia arriba, en dirección a Dios.

«Ve, y como creíste te sea hecho»

Decir «Hágase la voluntad de Dios» es una magnífica oración y una excelente estrategia espiritual, sobre todo cuando se comprende el significado espiritual de estas palabras. Si entroniza en su mente la idea definitiva de que la voluntad de Dios actúa en sus asuntos, esa convicción constructiva de su mente gobernará su vida y le hará actuar y expresarse tal como cree. Su convicción dominante dicta, gobierna y controla toda su vida. Es maravilloso saber, como expresó el doctor Phineas Parkhurst Quimby, de Maine, que «el hombre es convicción expresada». Si sabe que la luz y el amor de Dios le guían y le gobiernan en todo lo que hace, está automáticamente protegido de cometer errores de juicio, de tomar decisiones imprudentes, de despilfarrar su tiempo y sus esfuerzos en comportamientos inútiles.

Si Dios quiere que lo tenga

He oído esta expresión con frecuencia: «Lo deseo si Dios quiere que lo tenga». Si está realmente convencido de que Dios es la presencia divina o la vida que hay en usted y que es inteligencia infinita y todopoderosa y amor ilimitado, ¿por qué pensar que no desea que usted tenga algo, ya sea salud, paz, alegría, un lugar verdadero, abundancia, un nuevo hogar, matrimonio o lo que sea?

Muchas personas dicen otra frase supersticiosa: «Quizá no sea bueno para mí». Cuando alguien utiliza una expresión como ésta, es porque vive en un mundo de dualidad, de dos poderes. Tienen a Dios y al diablo; su mentalidad es doble. ¿Es la felicidad algo bueno para usted? Seguramente estará de acuerdo en que Dios desea que usted sea feliz. Si reza para realizar la acción correcta, ¿por qué iba a pensar siquiera en la acción incorrecta? En el mundo sólo hay un principio de acción correcta; no hay ningún principio de acción incorrecta. Hay un principio de alegría, ninguno de tristeza. Hay un principio de amor, ninguno de odio. Hay un principio de la verdad, ninguno del error. Hay un principio de armonía, ninguno de desacuerdo.

   ¿Qué clase de Dios sería el que no deseara que usted fuese alegre, libre, radiante y estuviera iluminado? Está usted aquí para reproducir todas las cualidades, atributos, potencias y aspectos de Dios y para moverse de la gloria hacia la gloria.

Las riquezas infinitas de Dios son suyas

Si tiene un deseo de curación, de verdadera expresión, de una mayor sabiduría y de comprensión espiritual o de una mayor riqueza y expresión para hacer las cosas que desea hacer, seguramente no abrigará ninguna duda de que Dios desea que tenga usted todas estas cosas. Si cree que Dios quiere que esté usted enfermo y le está poniendo a prueba de alguna manera extraña, o si cree que Dios crearía enfermedad en usted, un Dios así no merecería su consideración y atención y la convicción únicamente sería un concepto falso y supersticioso de su mente.

   Dios le desea próspero y rico. Muchas personas, debido a las falsas creencias teológicas que se han implantado en sus mentes subconscientes cuando eran jóvenes e impresionables, están convencidas de que hay alguna clase de virtud en la escasez y la limitación. Tiene que erradicar esa falsa convicción de su mente subconsciente y darse cuenta de que se halla rodeado por las riquezas infinitas de Dios. No se pueden contar los granos de arena de la playa o las estrellas del cielo. ¿Ha intentado contar alguna vez las flores que crecen en la cuneta de la carretera, mientras conduce? Mire donde mire observará una profusión de la riqueza de Dios.

Las ideas de Dios son infinitas y ahora mismo se le puede ocurrir a usted una idea que suponga el dar trabajo a un millón de personas. Las ideas son riqueza. Un invento es una idea en la mente; lo mismo sucede con un libro o con una nueva aventura empresarial o un nuevo proyecto de bienes raíces. Los seres humanos están demostrando continuamente que son capaces de contemplar un vasto desierto y alegrarlo y hacerlo fructificar como una rosa. La naturaleza es pródiga, despilfarradora y abundante. El ser humano, en su avidez y lujuria es el único que crea una escasez artificial, pero no hay escasez alguna en la sabiduría de Dios o en las ideas creativas que brotan en la mente del ser humano si está dispuesto a mostrarse abierto y receptivo al influjo divino, que siempre está preparado y disponible.

Su fuente de suministro

Puede estar convencido de que su suministro procede de Dios y de que Él atiende todas sus necesidades en cada momento del tiempo y en cada punto del espacio. El mundo externo, las condiciones económicas, las fluctuaciones del mercado de valores, la inflación o la deflación, o las opiniones de los seres humanos no pueden afectarle si se ha elevado usted en la conciencia, si ha alcanzado esa dimensión de la conciencia espiritual en la que cree en el fondo de su corazón que su suministro procede verdadera y literalmente de Dios y de ninguna otra parte. Los canales a través de los cuales recibe su riqueza no son la fuente y no debería confundir las dos cosas. Debería sentirse completamente libre en su vida económica y prosperar en todo lo que haga.

Su deseo es el de Dios

No se glorifica a Dios cuando se está enfermo, se siente frustrado, neurótico, desgraciado y afectado por la pobreza. Está aquí para representar, reflejar y expresar en su vida aquello que es cierto de Dios. Creer en un Dios de amor significa expresar amor y creer en un Dios de la abundancia supone expresar la vida abundante.

Si tiene el deseo de escribir una obra de teatro o una novela, de construirse una casa nueva, ¿no le parece que sería extremadamente estúpido pensar que Dios no querrá esas cosas? Dios está dentro de usted y su deseo de expresión proviene de Él. Dios le dio el cerebro, la mente, las manos para escribir y construir y la necesidad de conseguir y de expresar, además de la inteligencia y la capacidad para hacer todas esas cosas.

Su voluntad se convierte en la voluntad de Dios

Imagínese diciendo: «Si Dios quiere que escriba una obra de teatro, me lo hará saber». Eso sería totalmente absurdo. Su idea o deseo debe ser apropiada por la conciencia y sentido por ésta como cierta y sólo cuando se acepte al nivel de la mente subconsciente, la voluntad subconsciente hará que suceda. Su anhelo consciente ha pasado a convertirse de un simple deseo en una convicción subconsciente. La ley del subconsciente es una ley de obligado cumplimiento y la voluntad del subconsciente es lo que termina por suceder. Hágase no mi voluntad (idea, deseo, plan), sino la tuya (mi convicción o conciencia), es algo que se produce automáticamente. Nuestras convicciones y creencias subconscientes son las que dictan y controlan todas nuestras acciones conscientes. El subconsciente es el poder que mueve el mundo.

Su voluntad consciente y subconsciente

Un hombre acudió a verme hace algún tiempo. Era un alcohólico y dijo que si tomaba una copa se sentía impulsado a seguir bebiendo hasta caer al suelo, perdiendo el sentido. En otras palabras, había perdido el control y la ley de su mente subconsciente lo obligaba a beber. Su historia resultaba bastante familiar. Su esposa se divorció de él debido a sus infidelidades. El hombre, resentido por esa acción y odiándola porque ella se negaba a readmitirle a su lado, se entregó a la bebida para aliviar el dolor psíquico, del mismo modo que se toma una aspirina para aliviar el dolor de cabeza. Repitió ese acto una y otra vez y en cada ocasión que tomaba una copa para animarse, rechazaba el poder de Dios que tenía dentro de sí y le sugería a su mente subconsciente un estado de debilidad e inferioridad.

Los hábitos se forman por repetición continuada de ciertas pautas de pensamiento o acciones, hasta que éstas quedan bien establecidas en la mente subconsciente, donde crecen hasta alcanzar el punto de saturación. Ahora, se había convertido en una especie de barman mental en su mente subconsciente, que le recordaba continuamente: «Necesitas tomar una copa». En cuanto tomaba una, perdía el control. Su deseo o voluntad consciente no era el de beber, pero la voluntad del inconsciente se hacía cargo de la situación y le decía: «Tienes que beber». El control de la situación lo tenía ahora su decisión de beber, que había repetido una y otra vez hasta que la pauta habitual quedó bien establecida.

Invirtió la pauta

Este hombre consiguió invertir la pauta y se liberó utilizando precisamente la misma ley que le había convertido en un bebedor compulsivo. Contempló de una forma regular y sistemática la idea de la libertad y de la paz mental, afirmando que su alimento y su bebida eran las ideas de Dios, que se desplegaban constantemente dentro de él, produciéndole armonía, salud y paz. Cada día hacía pasar por su mente una película en la que se imaginaba libre, feliz y alegre. Se imaginó a sí mismo haciendo lo que tanto anhelaba hacer y oyendo a un amigo felicitándole por su libertad y sobriedad. Cada vez que sentía la tentación, hacía pasar rápidamente esa película por su mente, sabiendo que el poder del Todopoderoso fluía a través de él en aquella película mental y que, por un proceso de ósmosis mental y espiritual, aquella imagen penetraba poco a poco en su subconsciente, donde iba siendo revelada en la cámara oscura de su mente.

Las impresiones se graban en el subconsciente por repetición, fe y expectativa, y mientras él seguía imaginando fielmente su libertad y paz mental, llegó el amanecer y desaparecieron las sombras. Su voluntad consciente (el deseo de liberarse por completo del hábito destructivo) se convirtió en voluntad subconsciente (su profunda convicción quedó alojada en su mente subconsciente) y así se vio obligado a expresar libertad, pues la ley del subconsciente es de obligado cumplimiento. La ley que le permitió mantener la vinculación es la misma que lo liberó, facilitándole el entrar en la gloriosa libertad de los hijos de Dios.

La alegría de la oración contestada

«Hágase tu voluntad, tanto en la tierra como en el cielo» es una poderosa oración, como bien se puede comprender. En este caso, «cielo» significa su propia mente o conciencia mental y espiritual. Aquello que sienta como cierto en los cielos de su propia mente será lo que experimentará sobre la tierra o en el plano objetivo (su cuerpo, el mundo, el ambiente y las circunstancias). La voluntad es la capacidad para definir sus objetivos, para elegir su meta, ideal o plan. Viva mentalmente con ello, amándolo, nutriéndolo, prestándole toda su atención y la devoción más completa de su alma. Finalmente, se fundirá con usted y su desierto se convertirá en un paraíso, y su voluntad será la de Dios o la alegría de la oración que ha encontrado respuesta. ¡Es algo maravilloso!

Pasos para una vida triunfante

1. Dios no envía la enfermedad o el sufrimiento; somos nosotros los que nos los causamos con nuestro propio pensamiento erróneo.

2. Los poderes y las fuerzas de la naturaleza no son malos; el mal depende de cómo utilice el ser humano esos poderes o fuerzas.

3. «No hay nada bueno o malo, sino que es el pensamiento el que lo hace así.» El problema que le afecta no es malo en sí, sino que es su oportunidad para superarlo.

4. Repase sus muchas bendiciones, bendiga el órgano enfermo y asistirá atónito a las maravillas que pueden suceder en su vida.

5. Querer lo que Dios quiere es la única ciencia que nos permite descansar.

6. La voluntad de Dios es que lleve usted una vida plena, feliz y alegre y que experimente la vida de abundancia de la que habló Jesús.

7. Un error trágico es el de suponer que la voluntad de Dios para usted sea algo desagradable o poco invitador.

8. Si está enfermo o se siente deprimido, estará en una situación contraria a la voluntad de Dios.

9. La voluntad de Dios es su tendencia. Dios, ser de vida, no puede desear nada que vaya en detrimento de sí mismo.

10. La voluntad de Dios es su naturaleza y Dios es amor. El amor no puede desearle a usted nada que no sea amoroso.

11. Está usted aquí para reproducir las cualidades, potencias y aspectos de Dios.

12. Sus pensamientos, las imágenes y pautas mentales que se haga, moldean, configuran y forman su vida.

13. Tiene el poder para elegir. Elija la salud, la felicidad, la paz, la guía y la acción correcta.

14. Es una magnífica estrategia espiritual afirmar: «Hágase la voluntad de Dios», sobre todo cuando se comprende el verdadero significado espiritual de estas palabras.

15. Decir: «Si Dios quiere que lo tenga» es algo rayano en la superstición. Dios quiere que usted sea feliz. Le entregó a Él mismo y a todo el mundo.

16. Dios quiere que sea próspero y que alcance éxito. La naturaleza es pródiga, despilfarradora y abundante. Por todas partes verá la profusión de la riqueza de Dios.

17. Los canales por los que recibe su riqueza no son la fuente y no debería confundir el canal con la fuente eterna.

18. Su deseo de crecimiento, expansión y despliegue proviene de Dios. Acepte su deseo ahora y la inteligencia infinita hará que se produzca.

19. Su voluntad (deseo, decisión, plan, propósito), se convierte en la voluntad de Dios (convicción en su mente subconsciente) cuando sienta la realidad del deseo cumplido. El deseo de la mente consciente ha pasado entonces de un simple deseo a convertirse en una convicción subconsciente.

20. La ley que le mantiene vinculado o con cualquier vinculación es la misma que le liberará al abrigar los conceptos de libertad, paz, alegría y felicidad. Lo que sienta como cierto en su mente (cielo), lo experimentará en la tierra (el mundo objetivo).

21. Deje que su voluntad (su decisión consciente) se convierta en la voluntad de Dios (una convicción subconsciente), viviéndola mentalmente, nutriéndola y prestándole su atención, y experimentará la alegría de la oración contestada.

15. No resignado, sino reconciliado

Durante una serie de conferencias pronunciadas en Tokyo, Japón, a principios de 1963, una mujer joven me visitó en el Hotel Imperial y me dijo: «Estoy convencida de que puede usted ayudarme. Mi padre, que es alcohólico, me violó cuando yo tenía diez años de edad y desde entonces sufro dos o tres ataques a la semana. El médico de la universidad dice que son ataques epilépticos, para los que los medicamentos sólo me producen un alivio parcial.» La mujer afirmó que había perdonado a su padre y que ahora mantenían unas relaciones amistosas. Dijo que ella y sus hermanas lo visitaban una vez a la semana y cenaban con él.

Por su forma de hablar, tuve la sensación de que aún abrigaba profundas raíces de resentimiento en su mente subconsciente y de que, en realidad, no lo había perdonado. Le expliqué que si no lo perdonaba, seguiría sufriendo. Lo único sensato que se puede hacer es comprenderlo, perdonarlo y luego alejarlo de la mente.

Mientras continuara condenándolo en silencio, mientras no lo perdonara del todo (liberando a su padre que le había causado daño), nunca encontraría la paz. Le expliqué que la reconciliación o la restauración completa de una verdadera amistad y armonía entre ellos se produciría si seguía las siguientes instrucciones y cada mañana y noche, antes de acostarse y al levantarse, rezaba en voz alta por su padre del siguiente modo:

«Afirmo de todo corazón, con sinceridad y amorosamente, mi deseo de que la paz de Dios llene el alma de mi padre. Afirmo que él está inspirado y bendecido en todo lo que hace. Me alegro de que el amor de Dios fluya ahora por sus pensamientos, palabras y hechos. Le deseo sinceramente salud, felicidad y todas las bendiciones de la vida. Le perdono plena y libremente ahora. Cada vez que pienso en él, afirmo en silencio: "Que Dios esté contigo". Afirmo esto con toda la intención. Soy sincera y mi mente subconsciente, que es una grabadora, registra ahora mismo la verdad que afirmo. Me he perdonado a mí misma por abrigar pensamientos de odio durante todos estos años y tomo la resolución de no volver a hacerlo. Doy las gracias por ello; soy libre. Él está perdonado y yo estoy perdonada, porque me he perdonado a mí misma. ¡Es maravilloso!»

Pocos meses más tarde, esta magnífica maestra japonesa me escribió una hermosa carta para contarme que ya nunca había vuelto a sufrir ningún ataque más.

Los opuestos en la vida

El juez Thomas Troward dijo: «Todo palo tiene dos extremos». Emerson dijo: «En cada parte de la naturaleza encontramos polaridad, o acción y reacción». Todos sabemos que nuestros pensamientos surgen por parejas. Al pensar en la riqueza, inmediatamente brotan en la mente pensamientos de pobreza y al pensar en la salud, la idea de lo contrario aparece en seguida al fondo. Veamos algunos de estos opuestos, como la materia y el espíritu, lo negativo y lo positivo, la oscuridad y la luz, lo malo y lo bueno, la enfermedad y la salud, el dolor y el placer, la aflicción y la felicidad, el flujo y reflujo, lo masculino y lo femenino, dentro y fuera, subjetivo y objetivo, temor y amor, calor y frío, descanso y movimiento, sí y no.

Los opuestos son la expresión del cosmos. Son expresiones duales del mismo principio. Estamos aquí para reconciliar los opuestos y aportar armonía, salud y paz a nuestro mundo. Cuando hace frío se enciende un fuego, cuando se tiene hambre se busca comida, y si se está enfermo se alinea uno con la presencia curativa y se restablece la totalidad y la salud perfecta.

Cuando el temor le golpea, lo que debe hacer es unirse mentalmente con la fuente, Dios, que es amor. Puede leer despacio el Salmo 27, serena y amorosamente y, al hacerlo, se estará moviendo mentalmente hacia lo opuesto, que es la fe en Dios. El temor es la negación del poder y la bondad de Dios. El temor es la fe al revés. Es una sombra en la mente y las sombras no tienen ningún poder. «El amor perfecto engendró temor.» Enamorarse del bien, sentirse emocionalmente atraído hacia las grandes verdades de Dios es lo único que permite que desaparezca todo temor.

Cómo reconciliar los opuestos

Si se siente temeroso, puede estar seguro de que existe dentro de usted un deseo de lo opuesto a aquello que precisamente teme. Dirija la atención hacia la cosa deseada y empezará a reconciliar los opuestos. El deseo es el ángel de Dios, el mensajero divino que nos dice a cada uno de nosotros: «Ven más arriba». El deseo está detrás de todo progreso. Deje que su deseo le cautive y atraiga toda su atención. Se mueve en la dirección de la idea que domina su mente. Cuanto mayor sea el beneficio esperado del deseo, tanto más fuerte será éste.

Le falló la voz

Quisiera contarle la historia de un cantante que no consiguió un contrato porque le falló la voz en tres ocasiones durante una audición. El temor fue su peor enemigo, pero descubrió que podía avanzar hacia lo opuesto, que era la fe y la confianza, haciéndolo así a través de la oración. A partir de entonces serenó las ruedas de su mente dos o tres veces al día. Se imaginó cantando delante de un micrófono. Vio ante sí a un público imaginario. «Actúa como si fuese y seré.» Empezó a sentir la alegría de la situación y la emoción del logro. Continuó así, a intervalos regulares, hasta que obtuvo la reacción que le satisfizo. Consiguió de ese modo implantar su deseo en su mente subconsciente y experimentó una gran sensación de paz y satisfacción. Le encantaba su deseo, hasta el punto de aceptar y demostrarse a sí mismo que «el amor perfecto elimina todo temor».

El amor es una vinculación emocional, el ser leal y el entregarse mentalmente a su ideal. Al hacerlo así, desaparece el temor o el pensamiento negativo y el ideal se convierte en real. Este hombre terminó por alcanzar éxito porque aprendió a reconciliar los opuestos en su vida y a llevar paz allí donde antes había desacuerdo. Entréguese de todo corazón a su ideal, sea leal, únase mental y emocionalmente a él, y lo amará.

Una lluvia de balas

Un soldado me contó que en la pasada guerra se vio separado de su batallón y se encontró en medio de una lluvia de balas. Le temblaban las rodillas de miedo. Repitió mentalmente las palabras del Salmo 23 y una oleada de paz se apoderó de él. Luego, encontró la forma que le condujo hacia la seguridad. El soldado se dio cuenta de que si se mantenía en el extremo del temor, se quedaría petrificado donde estaba y el resultado habría sido la muerte y la destrucción. Así pues, dejó que el péndulo de su mente oscilara hacia el polo opuesto, que era la fe en Dios, en su pastor y en que lo protegía de todo daño.

Pedid y recibiréis

«Pedid, y se os dará» (Mateo 7, 7). En el lenguaje bíblico, pedir significa afirmar el propio bien y luego la mente subconsciente honrará y convalidará su afirmación. Levante la mirada hacia Dios como un padre amoroso y amable que cuida y se preocupa por usted, le guía y le dirige y se ocupa de su bienestar. En cuanto convierta eso en un hábito, descubrirá que siempre será próspero y estará bien guiado y se encontrará entonces en el lugar correcto, haciendo lo que le gusta hacer, sintiéndose divinamente feliz y bendecido de innumerables formas. Dios es para usted lo que usted mismo conciba que es.

Las convicciones son nuestros amos

Mientras el ser humano piense que Dios lo castiga, lo pone a prueba, lo gobierna con mano de hierro o que es una especie de tirano celoso, cruel o caprichoso, se sentirá confuso, desordenado, perplejo y sumido en el conflicto mental. Al ser tales pensamientos caóticos, el resultado es el caos y la aflicción en su vida. El hombre es aquello que piensa durante todo el día.

Jesús afirma categórica, definitiva e inequívocamente que Dios es nuestro padre y que somos sus hijos. En consecuencia, su relación con Dios debería establecerse en los términos más amigables y cariñosos, como los correspondientes entre padre e hijo. Durante el resto de su vida no vuelva a considerar a Dios como un dios de la ira, indiscriminado en su venganza. Ese concepto, mantenido en la mente, no produce sino una indecible aflicción y sufrimiento a quien abriga tal convicción. Nuestras convicciones son nuestros amos y todas ellas tienden a manifestarse en nuestras vidas. «Si puedes creer, al que cree todo le es posible» (Marcos, 9, 23).

Crea de Dios únicamente aquello que sea cierto, acepte lo que es una relación amorosa y buena. Crea en la bondad de Dios, en su amor y en su guía, en la armonía de Dios y en la sabiduría del Todopoderoso. Crea en la alegría de Dios y en su abundancia. Crea y espere todas las bendiciones del cielo, aquí y ahora. Reconozca la paternidad de Dios, que es su Padre amoroso; Él le ama y cuida de usted. Dios desea que sea usted feliz, alegre y libre. Está aquí para expresar la alegría de vivir y su divinidad, de modo que el mundo sea bendito porque usted vivió de esa manera.

El hombre es un canal de Dios

«Yo dije: Vosotros sois dioses, y todos vosotros hijos del Altísimo» (Salmos 82, 6).

Es fundamental y primordial decir que la descendencia tiene que ser de la misma naturaleza y especie que los progenitores. «Yo y el Padre uno somos» (Juan 10, 30). Eso significa que usted y Dios son uno, mental, espiritual y físicamente. La infinitud está dentro de usted; en consecuencia, no hay fin para la gloria que es el hombre. Es usted capaz de un crecimiento y de un desarrollo espiritual infinitos. El viaje es siempre hacia adelante y hacia arriba, en dirección a Dios.

Su mejor oración es aquietar las ruedecillas de la mente cada mañana y, durante cinco o diez minutos, sentir que es un canal a través del cual Dios fluye en armonía, salud, paz, alegría, totalidad, belleza, amor, compañía, seguridad, lugar verdadero y expresión. Al rezar humilde y devotamente de este modo se expandirá en la conciencia espiritual, hasta que haya trascendido incluso a sus mejores sueños.

Estoy resignado a ello

Su glorioso destino es el de estar unido con Dios y experimentar poder, sabiduría, fortaleza e iluminación. Deje de ser un siervo, un esclavo, una esterilla. No diga nunca: «Tengo que resignarme a mi destino», «Tengo que soportar esto», «Ésta es la voluntad de Dios y tengo que soportar mi enfermedad», «Padezco una enfermedad incurable», «No hay esperanza alguna». Si hace esas afirmaciones o tiene una actitud mental que le induce a pensar que está aquí para sufrir y que Dios le castiga por sus pecados, se está situando en la esclavitud y la vinculación y está degradando su destino divino como hijo del Dios vivo, aquí en la Tierra, para disfrutar de la herencia de su padre. Son sus propios pensamientos y sentimientos los que crean su destino.

La resignación es superstición

Nunca debe aceptar tranquilamente la desgracia, la enfermedad o la pobreza, sin darse cuenta al mismo tiempo de que
puede elevarse por encima de cualquier sufrimiento a través
del poder de Dios. Es absolutamente erróneo, desde todos los
puntos de vista, mantener cualquier clase de vínculo, ya sea
físico, mental o material. No hay absolutamente ninguna virtud en la resignación o en conformarse con lo que le haya
tocado en suerte. Resignarse a la enfermedad o a la pobreza
supone pecar, no acertar en la diana de la salud y la abundancia perfectas. La resignación es una mezcla de ignorancia,
temor, superstición e indolencia. Niéguese a aceptar la mala
salud, la discordia, la pobreza, la soledad o la infelicidad.

Está usted aquí para permitir que la luz de Dios brille en
su mente, cuerpo y ambiente. Esa es la única forma de glori-
ficar a Dios, aquí y ahora. Dios siempre ha tenido éxito en
todo lo que ha emprendido y lo que es cierto de Dios, también lo es de usted, porque es su hijo y heredero de todas sus
riquezas. Por amor a Dios, tiene la tarea sagrada de negarse
positiva y definitivamente a aceptar cualquier cosa que no sea
la paz mental, el lugar verdadero, la abundancia y la seguridad. Siga preguntando y llamando, hasta que le llegue la respuesta.

«... llamad, y se os abrirá» (Mateo 7, 7). Eso significa que,
cuando haya tomado una decisión clara y definitiva en su
mente consciente, obtendrá una respuesta de su mente más
profunda, que está llena de sabiduría y poder. Se niega a aceptar un «no» por respuesta porque cree implícitamente en las
promesas de Dios: «Pedid, y se os dará» (Mateo 7, 7). Siga
afirmando continuamente su bien, incansablemente, hasta
que le sea contestada su oración.

Resolución de la disputa

Si es usted como una clavija cuadrada en un agujero redondo, se siente frustrado y deseoso, puede hacer algo al respecto de inmediato: tome la decisión consciente de irradiar amor, paz y buena voluntad hacia todos y de exaltar el poder de Dios que hay en usted. Su deseo le está susurrando en su interior; también surgen el temor y la duda. Tiene que tomar la decisión de eliminar la disputa que se produce en su mente, para restaurar así la paz. Nuestros primeros condicionamientos, creencias fijas y formación religiosa obstaculizan e impiden nuestra fe en Dios y en todas las cosas buenas, y hacen que nuestra mente se encuentre como en un campo de batalla.

Como ya dijimos antes, su deseo es de Dios y conlleva sus propias matemáticas y mecánica. Las condiciones, las circunstancias y el ambiente no son las causas, sino los efectos, y se hallan sometidas a cambio. El temor le hace pensar que los desafíos que desea tienen que morir, mientras que el deseo le hace pensar que tienen que vivir. Aparte por completo su atención del pensamiento de oposición y eso será suficiente para matarlo de hambre. Regocíjese mental y emocionalmente con sus ideales y objetivos en la vida.

Su deseo de salud, felicidad, logro y progreso es bueno, constructivo y completo y significa una verdadera bendición para usted. Debe dirigir su lealtad, devoción y atención hacia su objetivo, ideal o deseo. La imagen que se haga será la primera causa en relación con aquello por lo que reza que suceda y se convertirá en algo real en su propio plano de referencia. Eleve la mente y el corazón más allá del problema o dificultad e imagine la realización de su deseo, el final feliz, independientemente de la oposición. El temor y las falsas creencias tienen que morir. Así sucederá en cuanto les niegue atención y aporte confianza y vida a su ideal. Esa es la forma de reconciliar los opuestos.

Un científico define el «mal»

El doctor Lothar von Blenk-Schmidt, un famoso científico espacial, dedicado a la investigación de los viajes espaciales, me dijo que siempre está luchando contra el mal, que significa, simplemente, resistencia, dificultades y problemas. A veces interviene el temor al fracaso. Él resuelve todos esos problemas mediante la oración. Se queda quieto y sereno y solicita la respuesta y entonces se le ocurren las ideas creativas necesarias para encontrar la solución, a veces de forma espontánea, como surgidas de la nada (de la mente subconsciente). Los ingenieros, químicos y físicos que trabajan con él tratan de superar la fricción y la resistencia atmosféricas (el mal) con diversas aleaciones de metales y nuevas amalgamas.

Siempre se encuentra una salida, una solución, un final feliz. Es mediante las dificultades y problemas (nuestro mal) como descubrimos nuestra divinidad. La alegría se encuentra en la superación.

Sea un paracaidista espiritual

Está usted aquí para descubrir su Dios-sí mismo. Si todas sus facultades funcionaran automáticamente, no podría descubrir los poderes y atributos que Dios le ha dado. Puede utilizar sus poderes de dos formas, capacitándole para deducir una ley de la vida. El ser humano se encuentra sometido a la esclavitud y vinculación de los cinco sentidos hasta que despierta al poder creativo. Debe darse cuenta de que sus pensamientos brotan por parejas. El pensamiento del temor no es real; niega aquello que es real. Sea un paracaidista espiritual. Vuele sobre el obstáculo con las alas de la fe y la imaginación y sienta, alégrese y dé las gracias por el gozo de la oración contestada.

El amor es la realización de la ley de la salud, la felicidad, la abundancia y la seguridad. Desee para todo el mundo aquello que desea para sí mismo y enamórese de su ideal. Sea fiel y leal a su ideal y éste se producirá y la luz de Dios brillará sobre usted.

> Envié mi alma a través de lo invisible
> como una carta de la vida después de la muerte,
> y junto a mi alma regresó a mí
> y me contestó: «Yo mismo soy cielo e infierno».

Del Rubaiyat de Omar Khayyam

Sus ayudas para la autoridad

1. Sus pensamientos brotan por parejas. Está usted aquí para reconciliar los opuestos y aportar armonía, salud y paz en su mundo.
2. Cuando se sienta afectado por el temor, afirme las grandes verdades del Salmo 27.
3. Dirija su atención hacia la cosa deseada y empezará a reconciliar los opuestos.
4. El amor es una vinculación emocional, ser leal y estar entregado mentalmente a su ideal. Al hacerlo así, desaparece el temor y el ideal se convierte en real.

5. Cuando aparece el temor, deje que el péndulo de su mente oscile hacia la fe en Dios y encontrará paz interior.

6. Afirme y sienta mentalmente su bien y el subconsciente hará que suceda.

7. Su relación con Dios (el principio de la vida que hay dentro de usted) debería establecerse sobre los términos más amigables y amorosos, como los correspondientes a los de un padre con su hijo.

8. La descendencia debe ser de la misma naturaleza y especie que los progenitores. «Yo y mi padre somos uno.» Usted y Dios son uno. Dios es su padre.

9. Si cree que Dios le castiga, se sitúa en una posición de esclavitud. Es usted la causa de su propia aflicción. Su pensamiento y su sentimiento son los que crean su destino.

10. Resignarse a la enfermedad, la pobreza y la incurabilidad es una mezcla de ignorancia, temor, superstición e indolencia.

11. Su deseo conlleva sus propias matemáticas y mecánica. Deposítelo en su mente subconsciente y crecerá allí como las semillas en el seno de la tierra.

12. El mal es cualquier pensamiento negativo o falso. Es nada que trata de ser algo. El mal es mala interpretación o la negación del poder de Dios en el hombre.

13. Lo que es cierto de Dios, es cierto de usted, porque es su hijo y heredero de todas sus riquezas.

14. Niéguese a aceptar un «No» por respuesta. Crea implícitamente en las promesas de Dios: «Pedid y recibiréis».

15. Sea un paracaidista espiritual y vuele sobre cualquier obstáculo con las alas de la fe en Dios y con una imaginación disciplinada. Imagine y sienta el final feliz y éste se producirá.

16. El amor es la realización de la ley de la salud, la felicidad y la paz mental. Desee para todo el mundo aquello que desea para sí mismo y la luz de Dios brillará
sobre usted.

16. El triunfo a través del pensamiento positivo

«Todo lo que el hombre sembrare, eso también segará» (Gálatas, 6, 7). Eso significa que si plantamos pensamientos de paz, armonía, y prosperidad, cosecharemos lo mismo, y que si sembramos pensamientos de enfermedad, escasez, y limitación, eso cosecharemos. Nuestra mente subconsciente es como la tierra; crecerá en ella el tipo de semilla que plantemos en el jardín de nuestra mente. Sembramos pensamientos cuando creemos en ellos y demostramos aquello que realmente creemos.

¿Por qué me castiga Dios?

Tuve una amiga postrada en cama por una enfermedad. Al visitarla en el hospital, en Londres, me preguntó: «¿Por qué me está sucediendo esto? ¿Qué hice para merecerlo? ¿Por qué se ha enojado Dios conmigo? ¿Por qué me castiga?».

Sus amigos me señalaron lo amable y profundamente espiritual que era ella, apoyo fundamental de la iglesia local. Cierto que era una persona excelente en muchos aspectos, pero estaba convencida de la realidad de su enfermedad y de que ésta era incurable. Creía que su corazón se hallaba gobernado por leyes propias, independientes de su pensamiento. Eso era lo que creía de modo que, naturalmente, actuaba en consecuencia.

Cambió entonces su convicción y empezó a darse cuenta de que su vida era la de Dios y de que, al cambiar su mente, cambiaría también su cuerpo. Empezó a dejar de conceder poder a la enfermedad en sus pensamientos y a rezar lo siguiente: «La infinita presencia curativa fluye a través de mí en forma de armonía, salud, paz, totalidad y perfección. El amor curativo de Dios habita en cada una de mis células.» Repitió esta oración con frecuencia y, tras cambiar su convicción, experimentó una maravillosa curación. Esta mujer había vivido durante varios años sumida en el temor a sufrir un ataque al corazón, sin saber que siempre sucede aquello que más tememos.

La ley de la vida es la ley de la convicción. Los problemas de cualquier tipo son la señal de alarma de la naturaleza de que estamos pensando en la dirección equivocada y de que nada puede liberarnos, excepto un cambio en nuestra forma de pensar. Demostramos aquello en lo que realmente creemos. Hay una ley de causa y efecto que funciona en todo momento y al hombre no le sucede nada sin su consentimiento mental y su participación. No se tiene que pensar en un accidente para que éste se produzca.

Le echó la culpa a la madera húmeda

El doctor Paul Tournier, famoso psiquiatra francés, citó el siguiente caso:*

Hace unos días, un obrero que participaba en la construcción de un garaje para la casa de al lado llamó al timbre de mi casa: se había hecho un corte en la mano con una sierra. Desinfección, unos puntos y un vendaje. ¿Qué podía haber más sencillo? Era una rutina casi automática. Pero charlamos mientras yo le cura-

---

* *A Doctor's Casebook in the Light of the Bible*, por Paul Tournier; reimpreso con permiso de Harper & Row, Inc., Nueva York, N. Y., primera edición estadounidense, 1960.

ba: «¿Ha visto esas planchas que el jefe nos está haciendo serrar?», preguntó el hombre herido. «Proceden directamente de los árboles y están tan húmedas que es prácticamente imposible hacer nada con ellas». De modo que en aquel infortunado corte había algo más que un simple accidente. Por detrás se ocultaba la irritación del hombre contra su patrono. Cuando nos sentimos irritados con nuestro trabajo, nuestros esfuerzos se hacen descoordinados y nerviosos, y así fue como sucedió el accidente. Mientras seguía hablando con él supe que este obrero no era carpintero de oficio, sino un mecánico de precisión al que habían despedido injustamente. Su irritación contra su patrono actual se debía en parte al hecho de que había trasladado contra él el rencor abrigado y reprimido previamente.

Eso indica que las perturbaciones emociones pueden provocar graves accidentes.

La causa de los accidentes

«O aquellos dieciocho sobre los cuales cayó la torre en Siloé, y los mató, ¿pensáis que eran más culpables que todos los hombres que habitan en Jerusalén? Os digo: No; antes si no os arrepentís, todos pereceréis igualmente» (Lucas 13, 4-5).

Jesús negó categóricamente que las víctimas de tales calamidades sean peores pecadores que otros hombres y añadió: «Si no os arrepentís, todos pereceréis igualmente».

Las desgracias, los accidentes y las tragedias de diversos tipos son señales de trastornos mentales y emocionales que han estallado para producir una manifestación. «Arrepentirse», en este sentido, significa pensar de una forma nueva, volver la vista hacia Dios y mantenerse sintonizado con el infinito, afirmando la guía divina, la acción correcta y la armonía en todo aquello que se haga. Cuando sus pensamientos sean los de Dios, el poder de Dios estará en todos los pensamientos de bien que se le ocurran.

Cómo protegerse de los accidentes

Procure serenar la mente varias veces al día y afirme lenta, tranquila y amorosamente: «Dios fluye a través de mí como armonía, salud, paz, alegría, totalidad y perfección. Dios camina y habla en mí. Siempre me hallo rodeado por el hechizo de Dios y vaya a donde vaya la sabiduría de Dios me gobierna en todo lo que hago y prevalece la acción divina correcta. Todo lo hago de forma agradable y todos mis caminos son de paz.»

Al detenerse a pensar estas verdades eternas, establecerá pautas de orden divino en su mente subconsciente y recuerde que acabará por expresar aquello que quede grabado en ella; por ello, se sentirá continuamente vigilado por una presencia que lo abarca todo, su Padre celestial, que le responde cuando lo llama.

Todos nosotros nos encontramos formando parte de una mente de la raza humana, que es como el gran océano psíquico de la vida. La mente de la raza cree en la enfermedad, el accidente, la muerte, la desgracia y las tragedias de todo tipo y si no nos arrepentimos, es decir, si no cambiamos de forma de pensar, la mente de la raza será la que pensará por nosotros. Poco a poco, los pensamientos de la mente de la raza que afectan a nuestra conciencia alcanzan un punto de saturación y precipitan un accidente, una enfermedad repentina o una calamidad.

La gran mayoría de la gente no piensa; sólo cree que piensa. Se piensa cuando se diferencia entre lo falso y lo verdadero. Pensar es elegir. Tiene usted capacidad para decir sí o no. Diga sí a la verdad y rechace todo lo que no sea semejante a Dios o a la verdad. Si el instrumento mental no pudiera elegir, no sería usted un individuo. Tiene habilidad para aceptar y rechazar. Piense en «todo lo que es verdadero, todo lo honesto, todo lo justo, todo lo puro, todo lo amable, todo lo que es de buen nombre; si hay virtud alguna, si algo es digno de alabanza, en esto pensad» (Filipenses 4, 8).

Piensa cuando sabe que hay una inteligencia infinita que responde a sus pensamientos y que no importa cuál sea el problema, al pensar en una solución divina y en el final feliz, encontrará dentro de sí mismo una sabiduría subjetiva que responde y le revela el plan perfecto, mostrándole el camino que debería seguir.

Dios lo quiere para mí

Hace meses una mujer me visitó y afirmó que padecía desde hacía varios años de una lesión orgánica que no se curaba. Se había sometido a toda clase de terapias, incluidos los rayos X. Había rezado y buscado la terapia de la oración de otros, pero sin resultado alguno.

Me dijo: «Dios lo quiere para mí. Soy una pecadora; por eso estoy siendo castigada.» También me dijo que acudió a un hombre que la hipnotizó, le leyó el pasado y tuvo el descaro de decirle que era víctima del karma, que había herido a otras personas en una vida anterior, castigándolas injustamente y que ahora sufría y cosechaba lo que se merecía. Dolorosamente, preguntó: «¿Cree que por eso no me puedo curar?»

La explicación

Todo eso era demasiado complicado y algo monstruosamente absurdo. La explicación anterior no hacía sino complicar la aflicción y el dolor de la mujer, sin ofrecerle curación o solaz. Le expliqué una antiquísima verdad: que sólo existe un poder, que es Dios. Es la inteligencia creativa que está en todos nosotros y que nos creó. Ese poder se convierte para nosotros en aquello en lo que queremos creer. Si una persona cree que Dios la castiga y que tiene que sufrir «... Conforme a vuestra fe os sea hecho» (Mateo 9, 29), «Porque cual es su pensamiento en su corazón, tal es él» (Proverbios 23, 7), eso significa que son los pensamientos y los sentimientos del ser humano los que crean su destino.

Si una persona no logra pensar de una forma constructiva, sabia y juiciosa, algún otro o la mente de la raza pensará por él y quizá convierta su vida en un verdadero caos. Si cree usted que Dios es bondad infinita, amor ilimitado, armonía absoluta y sabiduría infinita, la presencia de Dios responderá en consecuencia mediante la ley de la relación recíproca y se sentirá bendecido de innumerables formas.

Las fuerzas de la vida no son malas; todo depende de cómo las utilicemos. La energía atómica no es mala en sí misma; lo bueno o lo malo dependen de la forma en que lo utilicemos. El hombre puede utilizar la energía eléctrica para matar a otros hombres o para aspirar el polvo del suelo. Se puede utilizar el agua para apagar la sed de un niño o para ahogarlo en ella. Los usos que se hacen en el mundo de las cosas o los objetos vienen determinados por el pensamiento del ser humano. El bien y el mal son movimientos en la mente del ser humano, en relación con el único poder, que es todo, puro y perfecto. La fuerza creativa está en el ser humano. No hay poder alguno en el Universo manifestado, excepto el poder que damos a los signos externos.

Esta mujer buscaba justificación y excusas para su sufrimiento. Buscaba fuera de sí misma, en lugar de tomar conciencia de que la causa de todo está siempre en la mente subconsciente.

Su relación ilícita

Le pedí que me hablara de su relación con los hombres y me confesó que cinco años antes había mantenido una relación ilícita y que se sentía culpable y llena de remordimiento por ello. Ese remordimiento sin resolver era la herida psíquica que se encontraba tras su lesión. Creía que era Dios el que la castigaba cuando, en realidad, se castigaba ella misma, con sus propios pensamientos. La lesión que padecía no era más que pensamiento solidificado que ella no podía deshacer.

La vida, o Dios, no castiga. Si se quema el dedo, la vida procede a curar el edema, le hace brotar nueva piel y la restaura en su totalidad. Si ingiere un alimento en mal estado, la vida le induce a vomitarlo y trata de restaurarle una salud perfecta. Los antiguos decían que los médicos vendaban la herida y Dios la curaba.

La lesión de esta mujer y sus síntomas mórbidos, que ningún tratamiento médico o terapia de oración podían curar, desaparecieron en una semana. No hay peor sufrimiento que una conciencia de culpabilidad y, ciertamente, ninguna es más destructiva. Esta mujer se había castigado a sí misma durante cinco años con su pensamiento destructivo, pero la lesión desapareció en cuanto dejó de condenarse a sí misma y empezó a afirmar que la infinita presencia curativa saturaba todo su ser y que Dios habitaba en cada célula de su cuerpo.

Si hubiera estado utilizando mal el principio de la electricidad o de la química durante 50 años y de repente empezara a utilizarlo correctamente, seguramente no diría que el principio de la electricidad tenía un agravio contra usted por haberlo utilizado mal. Del mismo modo, no importa el tiempo durante el que haya utilizado su mente de una forma negativa y destructiva, ya que, en cuanto empiece a utilizarla correctamente, obtendrá los resultados correctos. «No os acordéis de las cosas pasadas, ni traigáis a memoria las cosas antiguas» (Isaías 43, 18).

Le echaba la culpa a los planetas

Un hombre que acudió a verme hace unos meses, estaba perdiendo gradualmente la visión. Lo atribuía a la falta de vitaminas y a factores hereditarios y señaló que su abuelo se quedó ciego a los 80 años de edad. Pertenecía a un extraño culto cuyo líder, después de leerle el horóscopo, le dijo que los planetas formaban una configuración maléfica y que esa era la causa por la que perdía visión.

En la medicina psicosomática actual es bien sabido que los factores mentales y emocionales juegan un papel bien definido en todas las enfermedades. La miopía puede ser causada por el funcionamiento de la mente. Tratar los factores mentales y emocionales del individuo, en lugar del ojo, puede dejar al descubierto el factor emocional básico, la razón por la que la mente subconsciente selecciona un achaque que tiende a cerrarlo todo, excepto el medio ambiente más inmediato. El ya fallecido doctor Flanders Dunbar, destacado psiquiatra y autor de Emociones y enfermedades físicas, afirmó que ciertas reacciones emocionales pueden provocar que músculos involuntarios contraigan el globo ocular, deformándolo, además de provocar otros trastornos oculares.

Al hablar con este hombre, reveló que detestaba ver a su suegra, que vivía en su hogar. Estaba lleno de una rabia contenida y todo su sistema emocional, que ya no soportaba la tensión, había elegido los ojos como chivo expiatorio. En este caso, la cura se encontró en la explicación misma. Se sorprendió mucho al saber que las emociones negativas, si persisten, se enmarañan en la mente subconsciente y que, si son negativas, tienen que encontrar una forma negativa de expresarse. Las órdenes negativas que él mismo enviaba a su mente subconsciente («Detesto ver a mi suegra», «No quiero volver a verla»), fueron aceptadas por su mente más profunda como peticiones que habían de producirse en la realidad.

Tomó medidas para que su suegra viviera en otra parte. Rezó por ella, dejándola en manos de Dios y deseándole todas las bendiciones de la vida, como salud, felicidad, paz, alegría, abundancia y seguridad. A partir de entonces, su visión empezó a mejorar casi de inmediato y en apenas dos semanas recuperó la visión normal. Sabía que había perdonado a su suegra porque fue capaz de verse con ella mentalmente sin experimentar ningún resquemor. Había tratado de justificar la disminución de su visión en términos de causas exteriores, en lugar de hacerlo en términos de su propia mente.

Indiferencia y negligencia

Una deficiencia de vitamina A puede causar oftalmia, una inflamación de la conjuntiva del globo ocular; eso, sin embargo, también puede deberse a ignorancia, indiferencia o negligencia por parte del individuo. La causa, en este caso, sería la estupidez o el descuido y esto último es un estado mental o, simplemente, una falta de conocimientos. La vitamina A es omnipresente y deberíamos tener la inteligencia de utilizarla.

No se puede esquivar o rodear la ley de la mente. Esa ley dice que le sucede a uno aquello en lo que cree y una convicción es un pensamiento de la mente. Ningún poder o entidad malvada externa trata de engatusarlo o de causarle daño alguno. La gente atribuye constantemente sus achaques a Dios, la atmósfera, el tiempo, los errores de práctica, entidades malvadas, herencia y dieta. El hombre contamina el aire con extrañas nociones y falsas doctrinas. Si un ser humano está convencido de que al estar cerca de un ventilador eléctrico se resfriará o sufrirá una tortícolis, esa convicción, aceptada por él mismo, se convertirá en dueña y señora y le provocará sufrir un resfriado. Por eso, la Biblia dice «Conforme a vuestra fe os sea hecho» (Mateo 9, 29). El ventilador no tiene poder alguno para producirle tortícolis a nadie; es inofensivo. La fe se puede utilizar de dos formas. Se puede tener la convicción de que un virus invisible le produce un resfriado, o tener fe en que el espíritu invisible que fluye a través de usted lo hace en armonía, salud y paz.

Se ajusta a usted como la piel

Debe tomar conciencia de que Dios no puede estar enfermo y de que el Espíritu que está en usted es Dios y lo que sea cierto de Él también lo es de usted. Convénzase de eso y nunca estará enfermo, pues «conforme a vuestra fe os sea hecho» (en la salud y en la felicidad). Emerson escribió:

> Cree [el hombre] que su destino es extraño porque la cópula está oculta. Pero el alma contiene el acontecimiento que le sucederá, pues el acontecimiento no es más que la realización de sus pensamientos y aquello por lo que rezamos para nosotros mismos siempre se nos concede. El acontecimiento es como la impresión de su forma. Se adapta a usted como su piel.*

Asesinato en su corazón

El fallo del hombre a la hora de pensar lo correcto es tan pernicioso como pensar negativa y destructivamente. Cuando era un muchacho, recuerdo que un campesino irlandés esperó cada día detrás de una verja durante una semana a que pasara el terrateniente para disparar contra él. Un día, se situó, como solía hacer, detrás de la verja, cuando tropezó, se le disparó el rifle y resultó muerto. Por aquel entonces no comprendí la razón y, como los demás, creí que sólo había sido un accidente.

Pero no hay accidentes; hay una mente, un estado de ánimo, una sensación detrás de ese coche, tren, bicicleta y también detrás del arma de fuego. Ese hombre llevaba el asesinato en su corazón y su subconsciente respondió en consecuencia.

---

* Destino, Ralph Waldo Emerson.

Dos cosas de signo contrario

Dos cosas de signo contrario se repelen. Si camina y habla con Dios y cree que Dios le guía y que la ley de la armonía siempre le gobierna, entonces no puede estar en un tren que se ha estrellado, porque el desacuerdo y la armonía no habitan juntos.

Fue alcanzada por una bala

Una mujer me escribió para decirme que su hija estaba observando a un grupo de hombres que se peleaban a tiros en las calles de Nueva York cuando fue alcanzada por una bala perdida, lo que tuvo como consecuencia la amputación de dos dedos. ¿Cuál fue la causa? ¿Fue la voluntad de Dios? En su carta, la madre añadió una nota que decía: «Mi hija no puede recuperar los dedos mediante la oración».

¿Ocurrió este accidente como castigo por sus pecados? La respuesta a todas estas preguntas de la madre es negativa. Dios no juzga ni castiga; el bien y el mal son movimientos de la propia mente del ser humano. Es un pensamiento muy primitivo creer que Dios nos castiga o que el mal nos tienta. Nuestra convicción siempre se pone de manifiesto. Los hombres, las mujeres y los niños testifican constantemente nuestras actitudes mentales y suposiciones. La causa siempre se encuentra en nuestro estado de conciencia, que es siempre aquello que creemos consciente y subconscientemente.

No conocemos los contenidos de la mente de la joven. No sabemos si experimentaba odio, resentimiento o si estaba llena de hostilidad y autocondena como para haber atraído hacia ella lo que le sucedió. Tenemos que recordar que la mayoría de la gente no disciplina, controla o dirige su pensamiento y sus imágenes mentales según canales semejantes a los de Dios; en consecuencia, cuando no consiguen pensar constructiva y armoniosamente desde el punto de vista del Infinito, quiere decir que dejan sus mentes abiertas a la mente masiva irracional, llena de temores, odios, celos y toda clase de ocurrencias negativas.

Le creció una mano izquierda

Muchas personas son muy despreciativas y categóricas en sus afirmaciones al decir que a una persona no le puede crecer una pierna o un dedo si les falta. Tomo la siguiente cita de «Cura hoy», de Elsie H. Salmon:[*]

> Mildred tenía tres años de edad cuando me la trajeron. Había nacido sin la mano izquierda. El brazo terminaba en una punta no más grande que el tamaño de un dedo índice, situada bien por encima de la muñeca.

Elsie Salmon les dijo a los padres de esta niña, en respuesta a su comentario de que «Si creemos que todo es posible para Dios, Dios puede hacerle crecer la mano»:

> En el término de un mes, la punta del extremo del brazo deformado había doblado su tamaño, convirtiéndose en un muñón, con lo que el padre, al observar este notable desarrollo, dijo: «Cualquier cosa es posible».

---

[*] Con permiso de Arthur James Limited, The Drift, Evesham, Worcs., Inglaterra, 6.ª ed.

Durante el mes siguiente se desarrolló una formación que parecía como un pulgar y que con el transcurso del tiempo lo consideramos así. Unos tres meses más tarde, nos dimos cuenta de que no se trataba de un pulgar, sino de que aquel crecimiento correspondía al de la mano entera, al extremo del brazo, que se iba desplegando y abriendo como una flor ante nuestros ojos.

La autora concluye diciendo que quienes se mostraban escépticos lo aceptan ahora como un hecho establecido.

Quizá podamos aprender una lección de los rinocerontes. Cuando se les arranca el cuerno y se les cortan las raíces, les crece un nuevo cuerno. Si se cortan las patas de un cangrejo, le crecen patas nuevas. Si un hombre creyera que le puede crecer un dedo nuevo, o cualquier órgano, podría experimentar aquello en lo que cree.

«Para Dios todo es posible» (Mateo 19, 26).

Pensamientos a recordar

1. Se siembran pensamientos en la mente subconsciente cuando se cree en ellos de corazón, y aquello que se graba en la mente subconsciente, será expresado.

2. Los problemas de cualquier clase son la alarma con la que Dios nos recuerda que estamos pensando incorrectamente y que deberíamos redirigir de inmediato nuestros procesos de pensamiento.

3. Cuando un hombre se siente irritado y alterado emocionalmente, sus esfuerzos son descoordinados y nerviosos y puede sufrir un accidente.

4. Las desgracias, los accidentes y las tragedias de diversas clases son señales de trastornos mentales y emociones que han estallado en la manifestación.

5. Establezca pautas mentales de orden divino en su mente subconsciente, y estará protegido de todo daño.

6. Debe pensar por sí mismo ya que, de otro modo, la mente de la raza y la propaganda del mundo pensarán por usted. Deje de permitir que las opiniones de las masas le laven el cerebro.

7. Pensar es elegir. Diga «Sí» a las eternas verdades de la vida y elija salud, felicidad, sabiduría y paz mental. ¡Elija la vida abundante!

8. Dios no castiga a nadie. Dios no juzga a nadie. Es usted el que se castiga con su propia forma errónea de pensar y sus falsas creencias. Le sucederán aquellas cosas en las que crea. Crea en un Dios de amor y en la bondad de Dios en la tierra de los vivos.

9. La vida le está perdonando continuamente. Si se quema un dedo, la vida se lo cura. ¿Por qué no perdonarse a sí mismo y ser libre?

10. No importa el tiempo que haya utilizado su mente de una forma negativa y destructiva, en cuanto empiece a utilizarla de la manera correcta, alcanzará los resultados correctos.

11. En los círculos psicosomáticos actuales es bien sabido que los factores mentales y emocionales juegan un papel claro en todas las enfermedades.

12. Ningún poder externo o entidad malvada intenta atraerle o causarle daño. La causa está siempre en su propia mente, basada en lo que piensa, siente, cree y aquello que consiente mentalmente.

13. Lo que ocurre sólo es la realización de sus pensamientos. El acontecimiento o la experiencia se adapta a usted como su piel.

14. Pensar que Dios le castiga es muy primitivo. Dios le ama; usted es su hijo. No debe atribuirle cosas que ni siquiera se le ocurriría atribuir a sus padres.

15. No hay accidentes. Detrás de cada experiencia hay una ley de causa y efecto. La causa es su pensamiento y el efecto es la reacción a su pensamiento.

16. Si un hombre creyera que le puede crecer una pierna, un brazo o un dedo, podría experimentar su convicción, pues todo es posible con Dios.

17. Viajar con Dios

Cada vez que emprendo una gira de conferencias, rezo lo siguiente: «Es Jehová, tu Dios, el que pasa delante de ti» (Deuteronomio, 9, 3). Tengo fe y confianza en que soy guiado y dirigido divinamente en todo lo que emprendo. Sé que el amor divino va por delante de mí, haciendo que mi camino sea recto, hermoso, alegre y feliz. Sé que allí donde viaje en autobús, tren, avión, coche o el medio de transporte que utilice, el amor y la inteligencia divinas gobiernan mi viaje. Todas las autopistas y cruces del mundo están controladas por Dios, lo que convierte los cielos y la tierra en una autopista para mi Dios.

Viajar como un rey

En los tiempos antiguos e incluso en el presente, cuando viajaban los reyes enviaban por delante a correos y mensajeros para tenerlo todo preparado para el rey. De ese modo se le

aseguraba una bienvenida regia. Del mismo modo, los solda-
dos recorrían la ruta, de manera muy similar a como se hace
ahora cuando un presidente emprende un viaje. Los hombres
del servicio secreto recorren el trayecto y examinan las vías del
tren y las estaciones, manteniéndose vigilantes en todo
momento. Los ladrones, delincuentes y gangsters no se pueden acercar al rey cuando viaja, porque se han tomado todas
las precauciones para su seguridad.

Al caminar en la conciencia del amor de Dios, al rezar
para que el amor divino vaya por delante, haciendo que el
camino sea recto, alegre, feliz y hermoso, y al vivir según esa
suposición, usted también tendrá maravillosas experiencias
de su viaje y conocerá a gente maravillosa. Cada vez que viaje,
procure enviar órdenes a su gente (sus propios pensamientos
y sentimientos) para que le preparen el camino, de modo que
pueda ser recibido regiamente allí donde vaya.

Escuche su voz interior

Hace unos pocos años partí de Los Ángeles, por la ruta polar,
hacia Europa, África, Australia, Nueva Zelanda y la India.
Tenemos que aprender a escuchar los murmullos y susurros de
las cuerdas de nuestro corazón, que nos guían hacia la acción.
Aún llevaba poco tiempo en mi viaje de conferencias cuando
empecé a ser consciente de las razones por las que emprendí el
viaje. Conocerá mis numerosas razones a medida que lea este
capítulo. Estoy seguro de que será muy interesante y revelador
y demostrará ser de un gran beneficio para usted.

Seguir esa ruta polar es inspirador. Nunca olvidaré la
experiencia que tuve cuando miré por la ventanilla del avión
y vi las luces que bailoteaban y el cúmulo de colores jaspea-

dos. Parecía como si, por encima nuestro, todo el cielo estuviera envuelto en un resplandor de gloria. Este vasto panorama ofrecido por la aurora boreal inunda los cielos con grandes llamaradas que se elevan, extraordinariamente hermosas e inolvidables, recordándonos que es la indescriptible belleza de Dios.

Una niña le dijo a su madre: «Mira, mamá, es Dios que baila en los cielos». Esas luces celestiales me recordaron la cita de la Biblia en la que se dice: «Aquella luz verdadera, que alumbra a todo hombre, venía a este mundo» (Juan 1, 9).

Cuando era un muchacho, solía observar la aurora boreal, pero nunca había visto tal despliegue de la obra de Dios como el que pude contemplar por la ventanilla del avión al acercarse al círculo ártico. No pude evitar el pensar que Dios era todo belleza, todo bendición y armonía absoluta; además de ser testigo de la danza de Dios en el cielo, uno se siente impulsado a pensar en el orden, el ritmo, la belleza y la proporción.

Me vio en un sueño

El avión hizo una escala de unas pocas horas en Groenlandia. Es simplemente maravilloso ver la elegancia con la que el piloto aterriza en esa isla pelada y helada. Inmediatamente después del aterrizaje nos llevaron a una pequeña cabaña de montaña para tomar café. Allí conocí a un hombre que me dijo: «Yo solía escucharle en Los Ángeles. ¿Querrá ir a ver a mi hermano, que está en Copenhague?». Le dije que así lo haría. Él añadió: «Sabía que usted venía. Lo vi en un sueño, y también sabía que podría explicar las cosas a mi hermano y arreglarlas entre nosotros.»

255

Le pregunté por qué creía que su hermano me escucharía, a lo que me contestó que su hermano era un estudioso de la mente subconsciente.*

Después de aterrizar en Copenhague, acudí a ver a aquel hombre. Le expliqué mi misión con respecto a su hermano y descubrí que sentía un odio intenso hacia el hermano que estaba en Groenlandia, debido a un agravio imaginario y que se había negado a escribir o contestar sus cartas.

Cuello rígido

Sufría de un cuello muy rígido, lo que a menudo se debe a resentimiento o mala voluntad. Rezamos juntos y se unió a mí para irradiar amor, paz y buena voluntad hacia su hermano. Le escribí una sencilla oración que decía: «El amor divino, la paz divina y la armonía divina funcionan permanentemente entre mi hermano y yo». La repetición constante de esta oración ayudará a resolver cualquier clase de mal entendido entre dos personas. La oración es un hábito y el tener frecuentemente ocupada la mente con esta oración la recondicionará para sintonizar con la armonía, la paz y la buena voluntad, lo que tendrá como resultado la resolución del problema.

Después de rezar juntos, el hombre se sentó y escribió una carta a su hermano; fue algo hermoso y realmente debía de tocar las cuerdas del corazón de cualquier persona. La rigidez de su cuello se curó por completo y a partir de entonces pudo girar la cabeza con facilidad.

---

* Véase *The Power of Your Subconscious Mind*, Prentice-Hall, Inc., Englewood Cliffs, N. J., 1963.

Empecé a pensar en su hermano, en Groenlandia, que había tenido un sueño en el que me había visto aterrizar y entrar en la pequeña cabaña a tomar café, a pesar de que ésta se hallaba situada a bastante distancia del campo de aterrizaje. El hombre no siempre conoce las causas de sus acciones. Hay ocasiones en que el sí mismo superior actúa sobre la mente de un individuo, haciéndole ser un mensajero que cumple el sueño o deseo de otro ser humano. Quizá crea que lo hace por voluntad propia, cuando en realidad es el sí mismo superior o la inteligencia infinita que hay dentro de él lo que le impulsa a actuar.

Siempre hay una respuesta

Al llegar a Johanesburgo, Sudáfrica, para pronunciar unas conferencias, encontré cerrado el Centro de la Verdad local. A petición del doctor Hester Brunt, de Ciudad de El Cabo, me entrevisté con una serie de personas. Pedí guía acerca de la oportunidad de dar conferencias allí. Una de las personas con las que me entrevisté me dijo: «A mi esposo le encantaría asistir a su conferencia». Llamó a todos sus amigos y conocidos en la ciencia mental y pasamos un tiempo en Johanesburgo. A veces, la respuesta llega de formas extrañas. «Como son más altos los cielos que la tierra, así son mis caminos más altos que vuestros caminos, y mis pensamientos más que vuestros pensamientos» (Isaías 55, 9).

Nunca se llega demasiado tarde

Mientras estaba en Johanesburgo, quise visitar el famoso parque Kruger, pero la dirección del hotel dijo: «Llega demasiado tarde. No habrá ningún grupo de visita hasta el lunes siguiente.» Disponía de poco tiempo, así que le pedí a mi sí mismo más profundo: «Espíritu infinito, abre el camino allí donde el hombre dice que no lo hay».

Luego, charlando con un hombre de Kimberley, durante el desayuno, me habló de su problema. Le expliqué los poderes de la mente subconsciente y le sugerí lo que hacer. A la mañana siguiente me dijo que no sabía que existieran métodos de oración tan simples y que el problema le había desaparecido. Entonces me dijo que él y su chófer se dirigían al parque Kruger, la gran reserva, pasando por los pueblos tribales de los zulúes y fotografiando de todo, desde cebras y rinocerontes hasta jirafas en la inmensa llanura. Me dijo: «Vamos a ver leones, babuinos, elefantes, aves que gritan "Vete" y toda clase de animales de los que ni siquiera conozco su nombre». De repente, añadió: «¡Consideraríamos un honor que se uniera a nosotros! Es usted mi invitado.» No pude decirle que no. Aquella era la respuesta a mi oración.

Una fortuna y cuatro bueyes

Johanesburgo, donde pronuncié una serie de conferencias sobre los poderes de la mente subconsciente, se conoce como la Ciudad Dorada del sur de África, una ciudad llena de risas, alegría, dinero y también corazones llenos de problemas. El director del hotel me informó que a principios del siglo xx, Johanesburgo sólo era un campamento minero y que apenas diez años antes sólo había una enorme jungla allí donde ahora había calles asfaltadas y se levantaban los rascacielos. Ahora se encuentra todo el ajetreo y la animación de una ciudad como Nueva York. A principios de siglo, el terreno donde ahora se levanta Johanesburgo fue ofrecido a un hombre a cambio de ocho bueyes. El propietario quería doce, de modo que el señor Jennings, el comprador al que le faltaban cuatro bueyes, no pudo adquirir unos terrenos que sesenta años más tarde contenían tantas riquezas como para hacer parecer mendigos a Midas y Creso. Si aquel hombre hubiera sabido cómo rezar, habría ampliado su oferta a los doce bueyes que era el precio pedido. Evidentemente, no pidió guía y la acción correcta en sus asuntos de negocios. Por debajo de esta gran ciudad hay minas de oro que descienden a más de 3.000 metros por debajo de la superficie. Se encuentra una verdadera ciudad por debajo de la ciudad. Allí trabajan los mineros nativos procedentes de todas partes de África, extrayendo y refinando el oro.

La oración de la muerte

El director de uno de los grandes edificios de apartamentos donde viven los mineros de color estaba a cargo de 9.000 empleados. Las tribus mantienen habitaciones y zonas separadas ya que tienen costumbres tribales, lenguas y dioses diferentes. Algunas de esas tribus son muy primitivas y supersticiosas.

El director, un escocés, me dijo que cuando el brujo pronunciaba la oración de la muerte contra un nativo, no podían ayudarle ni todos los médicos que había e inevitablemente moría. En otras palabras, el nativo se suicidaba de miedo, pero sin saber la verdadera razón. La misma oración pronunciada por un brujo vudú no causaba efecto alguno sobre el misionero blanco que se reía de sus encantamientos, lo que demuestra una vez más el poder de las convicciones.

Los enemigos están en la propia mente y en ninguna otra parte. Nadie tiene ningún poder sobre usted, a menos que se lo dé en su propia mente. El Espíritu que está dentro de usted es el único soberano, el poder supremo. Es el único e indivisible y siempre responde a sus pensamientos.

Seis meses de vida

En Johanesburgo conocí a una mujer que tenía seis hijos, uno de los cuales era un hombre de 45 años de edad. Ella enseñó a todos sus hijos a considerar a Dios como el gran padre que siempre los guiaría y los cuidaría, sosteniéndolos de todas las formas posibles. Al hijo, que trabajaba en las minas de oro, se le dijo que sólo le quedaban seis meses de vida, ante lo que le contestó a su médico: «Doctor, mi Padre no puede, no me haría eso. Tengo tres hijos que me necesitan. Mi padre me ama y Él me curará.»

El médico pensó que aquel hombre bromeaba, pero éste le explicó lo que quería decir; él y el médico se hicieron buenos amigos. Experimentó una notable curación y ahora es muy fuerte y poderoso y ocupa una destacada posición en una de las minas de oro.

Este hombre me dijo que había momentos en los que la familia no podía ver una salida ante situaciones aparentemente imposibles, pero su madre les hacía hablar con el Padre que llevaban dentro. Debido al amor de Él por todos ellos, respondía y siempre se producía el milagro. Esta familia lleva una vida encantada, porque consideran a Dios como a su padre, que es amable, amoroso, comprensivo y compasivo.

Una víctima de la polio se curó

Una hermana de ese hombre tuvo poliomielitis, a pesar de lo cual ahora camina perfectamente. Hablé con ella y me dijo lo mismo que su hermano: «Dios, mi Padre, no podía o no quería que su hija fuese una tullida. Mi Padre quiere que yo sea feliz». Le pregunté cómo rezaba cuando era pequeña, a lo que me contestó: «Cada noche solía decir: "Padre amoroso, haz a tu hija entera, para que pueda cantar, bailar y estar alegre". Me curé en dos años.»

Sólo quedó una cicatriz

Durante una serie de conferencias pronunciadas en Kimberley, Sudáfrica, conocí a un hombre de lo más interesante, a quien le dije que lo citaría en mis escritos. Fue soldado en la Segunda Guerra Mundial y el fuego de ametralladora le había roto la pierna. No sabía nada sobre el poder curativo que todos llevamos dentro y afirmó que por aquella época era ateo. Cuando en el ejército le preguntaron cuál era su religión, contestó: «Ser humano». Estuvo internado durante mucho tiempo en un hospital inglés, con muletas.

Empezó a pensar y a decirse a sí mismo: «Hay una inteligencia que me hizo a mí y que puede curar mi pierna». Comenzó a imaginarse a sí mismo haciendo todas las cosas que haría si estuviera completo y perfecto. Antes había sido un atleta. Llevaba en su mente la vida propia del atleta y se imaginó ahora tal como quería que fuese. Participó en la película mental, la dramatizó, la sintió y la hizo real. Aseguró que por aquel entonces no podía caminar, pero que en la silla de ruedas se sentía yendo en bicicleta, escalando montañas o jugando al fútbol. Además, empezó a afirmar para sí mismo que era un ser fuerte y poderoso.

El extraordinario resultado de todo eso fue que al cabo de unos pocos años se le declaró como el hombre más fuerte de Sudáfrica en relación con su tamaño. La pierna se había curado perfectamente allí donde antes se habían roto los grandes huesos. Me mostró la pierna, en la que sólo quedaba una cicatriz. Eso demuestra que aquello que uno se imagina y siente es lo que termina por suceder.

Consiguió un pasaporte

Mientras me entrevistaba con algunas personas en África, mantuve una interesante conversación con un brillante hombre procedente de Europa. Después de la guerra fue uno de los considerados como apátridas. No podía demostrar su identidad. Su hogar había quedado destruido, todos los parientes y miembros de su familia habían muerto. Quería tener un pasaporte. Estaba desesperado. Dijo que se lo negaron muchas veces.

Noche tras noche, a su modo, de una forma sencilla, empezó a imaginar que un cónsul le ponía un sello a un pasaporte imaginario. Después de que empezara a rezar, aparecieron personas que testificaron y juraron acerca de sus orígenes y antecedentes, y poco después se le entregó la documentación personal. Dijo que conocer a aquellas personas fue la experiencia más extraña que le había sucedido en la vida. Los caminos de Dios son inescrutables.

Vaya por el camino real

Cada persona es como un rey en su propia mente. Es usted el dueño de las reacciones de su pensamiento. Puede ordenar ahora mismo sus pensamientos como más le plazca, permitiéndoles que presten atención a aquello sobre lo que elija meditar. Su emoción seguirá al pensamiento. Es usted un rey, un monarca en su propio ámbito conceptivo. Puede negarle el pasaporte a cualquier visitante extranjero que pretenda entrar en su reino (la mente), como por ejemplo el temor, la duda, la preocupación, la ansiedad, las críticas, el odio, etc. Es usted el rey, ordena a sus súbditos, que tienen que obedecerle; es el monarca absoluto, con poder para matar, destruir y eliminar a todos los enemigos (los pensamientos negativos) de su reino mental. Puede hacerlo así con el fuego del amor divino o el pensamiento correcto.

Usted determina el estado de ánimo o el sentimiento que quiere abrigar. Puede decidir ahora mismo cómo reaccionará a las condiciones, las circunstancias y el ambiente. Si recibiera noticias desagradables por correo o mensajero, si otros lo criticaran, condenaran y vilipendiaran, recuerde que es usted el rey; nadie puede hacerle daño o causarle mal a menos que usted mismo le conceda permiso por medio del consentimiento mental. Rechace conceder tal permiso. No deje que ningún pensamiento negativo le perturbe. Debe negarse positivamente a reaccionar de forma negativa. Dígase a sí mismo: «Soy un rey, voy por el camino real. Me mantengo incólume e imperturbable, ya que nada me afecta excepto mis propios pensamientos y a través de mi propio consentimiento mental. Únicamente le debo fidelidad y lealtad a Dios y a sus verdades.» «Tú dices que yo soy rey. Yo para esto he nacido» (Juan 18, 37).

Acento de Ciudad de El Cabo

Ciudad de El Cabo, en Sudáfrica, es una ciudad hermosa. Uno se siente allí como en casa, entre gente amable que habla inglés. Su acento parece el mismo que el de las gentes de Londres. Les dije a varios estudiantes de la mente inconsciente en esa ciudad: «¿Es usted de Inglaterra?». Me contestaron: «No, he nacido aquí». Pero sus padres procedían de Inglaterra, lo que indica que el ambiente mental y espiritual del hogar influye sobre el niño, al margen de dónde haya nacido.

La ya fallecida doctora Brunt y sus capaces ayudantes me mostraron los lugares más interesantes de los alrededores de Ciudad de El Cabo, el magnífico paseo por entre jardines, su orgullosa herencia de Cecil Rhodes y de los primeros colonos holandeses. Por la noche, Ciudad de El Cabo se parece a Hollywood. Hay allí un maravilloso Centro de la Ciencia Mental. La doctora Brunt me dijo que muchos estadounidenses que llegan al centro le preguntan: «¿Dónde están los leones y los tigres?». Por lo visto, están convencidos de que lo único que tienen que hacer es alejarse unos pocos kilómetros de la ciudad para verlo, algo que, naturalmente, no es cierto.

La aventura de una vida

Para experimentar la aventura de toda una vida, le fascinaría y encantaría visitar el parque nacional Kruger, donde pude ver a grandes animales de caza en estado salvaje y extraños leones que se frotaban el lomo contra el guardabarros del vehículo. Vi a un hombre que salió del coche para tomar una fotografía de un rinoceronte negro. Cuando el rinoceronte, de repente, se lanzó a la carga, el hombre tuvo que subirse a un árbol y quedarse allí. Rezamos por él, sabiendo que el amor de Dios está en todas sus criaturas. Mientras irradiábamos amor y paz hacia el animal, éste se alejó y el hombre pudo bajar del árbol. Era un estadounidense que había dejado de cumplir las instrucciones del guía.

Dios es multimillonario

En el Grand Hotel de Ciudad de El Cabo hablé con un hombre que me dijo: «Cuando viajo, lo hago como un rey. Dios es multimillonario». Me gustó su actitud y le pedí que la elaborase y elucidase más, y así lo hizo. «Al salir de Inglaterra en avión, me dije: "Este avión es idea de Dios. Todas sus partes son ideas de Dios; todas las personas son queridas por Dios, que las ama, y yo también. La paz, la abundancia, el amor, la alegría y la inspiración me esperan en el camino".» Me aseguró que se repetía esas frases con frecuencia hasta que, por un proceso de ósmosis mental y espiritual, las ideas penetraron en las profundidades de su mente subconsciente.

Este hombre había pasado por las experiencias más maravillosas. A pesar de ser un completo extraño en Ciudad de El Cabo, estableció contactos muy deseables, tanto empresariales como financieros. Conoció a la mujer de sus sueños y cuando yo hablé con él estaba locamente enamorado y no tenía apetito (por lo visto, las personas enamoradas pierden el apetito). Él mismo decretó que los mensajeros de paz, amor, alegría y abundancia le esperarían en todo momento. «He aquí, yo envío mi mensajero, el cual preparará el camino delante de mí» (Malaquías 3, 1). La próxima vez que viaje, asegúrese de ser un rey, de vivir en el presente en el reino de Dios o de todo lo bueno. Todo aquello de bueno que desee está aquí ahora, esperando a que usted lo reclame.

Qué pasos dar

En Oslo, Noruega, donde hablé con un grupo en una casa particular, uno de los presentes, un distinguido lingüista, dijo:

«¿Qué pasos debería dar después de estar plenamente convencido de que mi oración ha sido contestada?» La respuesta a esa pregunta es que se sentirá impulsado a dar los pasos que le parezcan necesarios para la realización de su deseo.

La ley del subconsciente es la compulsión. Las convicciones y suposiciones subconscientes del ser humano dictan, controlan y gobiernan sus acciones conscientes. No se ayuda a la inteligencia infinita. Todo aquello que se hace ocurre automáticamente de acuerdo con sus propias convicciones. Quizá crea estar haciendo algo, pero, en realidad, todos sus pasos están controlados por su mente subconsciente. Dispone de libertad en el siguiente sentido: tiene libre albedrío en cuanto a la elección de la idea, el deseo o concepto que quiera abrigar. En cuanto acepte mentalmente la idea como una realidad viva en el presente, se manifiesta en su mundo real. Todo aquello que haga o que suceda, tiene lugar precisamente debido a su convicción. Al asumir en su mente algo como cierto, la sabiduría subjetiva dirige automáticamente sus acciones.

Él vigila la isla

Tras haber concluido mi viaje por Sudáfrica, volé desde Johanesburgo a Perth, en Australia Occidental, a poco más de 12.000 km de distancia, haciendo escala en la isla Mauricio y en la isla Coco. Esta última es pequeña y hermosa. Un inglés me consiguió un coco y me mostró cómo partirlo y beber el jugo que contenía. Es un alimento delicioso. Me enteré por él de la razón por la que esta isla nunca se inunda o queda sumergida, a pesar de hallarse al mismo nivel que el mar. Me dijo que eso se debía a que la sabiduría superior fue la causante de que los pólipos de coral construyeran una barrera protectora alrededor de la isla, asegurándose así de que no le sucediera nada a la isla o a sus habitantes. Aquí se puede ver la actuación de la inteligencia infinita, que vigila siempre al ser humano y sus acciones.

Ganó una fortuna en Sydney

La señora Grace Aguilar y su esposo dentista, daban conferencias sobre ciencia mental y el poder de la mente subconsciente en Sydney. Son dos personas muy corteses y amables, que han trabajado durante mucho tiempo en las viñas. Pasé ocho días allí, dando conferencias por las tardes y por las noches.

Un destacado hombre de negocios de Sydney me contó cómo, por medio de la oración, creó su negocio y amasó una fortuna que ha bendecido a muchos. Su oración constante era: «Dios mío, muéstrame el camino para ofrecer un mayor servicio a la humanidad». Esa era su única oración. La sabiduría respondió y él se vio bendecido de innumerables formas.

Muerta hace diez años

Cada vez que emprendo una gira mundial de conferencias, me propongo visitar Perth, en Australia Occidental. Una mujer joven que vive allí y que durante muchos años sufrió de fuertes migrañas, sinusitis, problemas estomacales y graves ataques asmáticos, acudió a mi consulta. Me contó una sórdida historia de amargura, hostilidad y odio hacia su madre. Le pregunté dónde estaba su madre y me contestó: «Oh, hace diez años que ha muerto». Por lo visto, la madre había dejado sus propiedades a su hermana, en Nueva Zelanda. Durante todo ese tiempo, ella se había estado envenenando con una ponzoña mental llamada odio. Es un verdadero asesino. Le expliqué lo que significa: «Perdónanos nuestras deudas, como también nosotros perdonamos a nuestros deudores» (Mateo 6, 13). Jesús dijo: «No te digo [perdonaré] hasta siete, sino aun hasta setenta veces siete» (Mateo 18, 22), dando a entender con ello que había que perdonar hasta quinientas veces al día si fuere necesario.

Esta mujer empezó a comprender que su madre actuaba según sus luces. Hacía lo que creía más correcto según su estado mental. Aprendió así que era necesario rezar por su madre, bendiciéndose con ello tanto a sí misma como a su madre.

La oración siempre prospera. La oración cura las heridas del corazón. Detiene las bocas de los leones. Pone en fuga a los ejércitos. Abre las puertas de las prisiones. Convierte el agua en vino y cura las heridas de los corazones rotos.

Esta mujer lloró mucho, lo que fue bueno, puesto que le permitió liberarse. Dijo: «Que Dios bendiga a mi madre y que su amor la acompañe allí donde esté». Ese fue el necesario bálsamo curativo, el espíritu de Dios hablando, el espíritu del perdón, la buena voluntad y la comprensión. Rezamos juntos por su madre, dándonos cuenta de que se hallaba rodeada por la luz, el amor y la verdad de Dios y de que ahora estaba iluminada, inspirada, con el alma llena por la paz y la belleza de Dios. El amor de Dios se hinchaba en su pecho; y esa fue la bendición que curó a esta mujer. ¡Nunca había visto un cambio como aquel en mi vida! Una luz apareció en los ojos de la mujer, una sonrisa surgió en su semblante, y una radiación pareció rodearla y envolverla. Dio la impresión de hallarse envuelta en una radiación de luz ilimitada. Todos sus síntomas desaparecieron y gritó en voz alta: «¡Dios es amor y estoy curada!» Experimentó, en un solo momento de éxtasis el amor de Dios, llamado a veces «el momento que dura siempre».

«Perdonaré hasta setenta veces siete.» Concedámonos a nosotros mismos el estado de ánimo del amor, la buena voluntad y la comprensión por las infracciones que hayamos cometido los unos contra los otros. Las causas de los problemas de esta mujer se encontraban, naturalmente, en el odio, el complejo de culpabilidad y el temor. Sabía que era un error odiar, lo que le provocaba un complejo de culpabilidad, además del temor a ser castigada por abrigar mala voluntad.

El temor contrae las delicadas membranas mucosas que simbolizan la envoltura del amor de Dios, pero cuando entró en el espíritu del perdón y llenó su alma de amor, se produjo en ella una curación instantánea.

La prueba del ácido

El amor libera, da, es el espíritu de Dios. Es el disolvente universal, no tiene altura ni profundidad, no va ni viene, llena todo el espacio. Uno siempre sabe cuándo ha perdonado al otro. Ésta es la prueba del ácido: suponga que alguien le contó alguna noticia maravillosa sobre la persona que, según usted, le causó algún daño. ¿Cómo reacciona ante esa noticia? ¿Está resentido? ¿Se siente perturbado? ¿Preferiría escuchar lo contrario de lo que le acaban de comunicar? De ser así, quiere decir que no ha perdonado, que las raíces siguen estando ahí. Esas raíces únicamente se marchitan con la oración y el amor, tal como se ha dicho. Siga practicándolo hasta que sea capaz de alegrarse al escuchar una buena noticia sobre la persona que le causó algún daño. Debería alegrarse por el hecho de ver cómo funciona la ley de Dios con cualquier persona, independientemente de quién sea, lo que sea o dónde esté.

Lo más raro

Un estudiante de Sydney, Australia, al que di una serie de lecciones especiales públicas y privadas, me contó cómo había perdonado a otro hombre, contra el que, según dijo, abrigaba un agravio. Dijo haber experimentado mucho resentimiento a causa de una carta recibida de su director general. La actitud que él adoptó fue: «Ésta es la última gota que colma el vaso; esto ya no lo puedo tolerar». Se enfureció y se llenó de resentimiento, diciéndose a sí mismo: «Esto es algo que no puedo perdonar después de tantos años de fieles servicios».

Serenó entonces las ruedas de su mente y se imaginó al director general escribiéndole una carta llena de alabanzas hacia él y su trabajo, y que le satisfacía en todos los aspectos, según la regla dorada, la ley del amor y la buena voluntad. Vio las palabras de aquella carta imaginaria. Se alegró al leerlas. Me dijo: «Pensaba en ello todas las noches. Leía mentalmente esa carta una y otra vez y miraba la firma del director general.» Mientras seguía haciéndolo así, todo el odio desapareció de él. Según sus propias palabras: «Sucedió entonces algo de lo más raro del mundo». El director general le escribió, efectivamente, una carta en la que se le alababa y se le ascendía. En esencia, su contenido se correspondía con la que había imaginado y sentido desde hacía varios días. Aquí se ve la gran ley de la sustitución o del perdón, que consiste en sustituir cualquier sentimiento de mala voluntad o de hostilidad por un estado de ánimo de amor y buena voluntad.

Lo mismo que hizo este hombre, lo puede hacer cualquiera. Lo único que hizo fue imaginar que había recibido la clase de carta que tanto deseaba recibir. Mientras imaginaba mentalmente ese acontecimiento y se alegraba al leer el contenido de aquella carta imaginaria, su mente subconsciente enviaba el hechizo de amor alrededor del director general, induciéndole así a responder de la forma adecuada. Cuando se entrega amor, se recibe amor. «Perdona y serás perdonado» (Lucas 6, 37).

Inmune a la calamidad

En Japón existe un magnífico y maravilloso movimiento llamado Seicho-No-Ie, que significa «El hogar de la vida infinita». Es un movimiento que se ocupa de las leyes de la mente consciente e inconsciente, dirigido por un alma santa e iluminada, la del doctor Masahura Taniguchi, llamado el Gandhi de Japón. He hablado en varias ocasiones ante su público y, en cada ocasión, había presentes unas tres mil personas. En Japón hay más de seis millones de estudiantes de la ciencia mental. Los libros se imprimen en inglés y en japonés. También se imparten clases en inglés para americano-japoneses, así como en su propia lengua materna. El doctor Taniguchi ha traducido varios de mis libros al japonés, que han alcanzado una gran popularidad en Japón.

En uno de sus escritos, el doctor Taniguchi cita varios casos en los que se demuestra el poder del perdón, es decir, de darse a sí mismo un nuevo concepto de vida en lugar del viejo concepto materialista. En una de sus conferencias afirmó que durante una grave inundación ocurrida en una de las provincias, varios restaurantes de una determinada ciudad fueron barridos por la fuerza de las aguas sin dejar ni el menor rastro de ellos; sin embargo, el restaurante Hiragiya, de Yase, lugar de encuentro de los estudiantes japoneses de la verdad, se mantuvo intacto. Eso se debió a la actitud mental de los estudiantes, firmemente convencidos de que ninguna calamidad de ninguna naturaleza podía afectarles a ellos o a sus posesiones. El doctor Taniguchi enseña a sus alumnos que si la mente se halla vuelta hacia la luz, nunca será destruido por ninguna catástrofe, independientemente de la calamidad natural que se produzca.

¿Salvó el reloj su vida?

El doctor Taniguchi se refería continuamente a personas en Japón que se habían salvado de choques de trenes, inundaciones, terremotos y desastres navales. Un caso notable fue el de uno de sus alumnos, que se desplazó a una determinada ciudad para estar allí a tiempo de abordar un determinado barco, sólo para descubrir que el empleado le había informado mal acerca de la hora en la que zarparía el barco. Al llegar resultó que el barco había zarpado 20 minutos antes. Se indignó con el empleado de las reservas por haberle dado una información errónea. Pero el barco en el que debería haber viajado se encontró con un desastre, en forma de colisión. El doctor Taniguchi dijo que el joven se dio cuenta entonces de que, en realidad, había salvado la vida porque tenía fe en Dios y le dio las gracias.

El funcionamiento de una sabiduría superior

Nueva Zelanda es un país de maravillosos paisajes. Los Alpes Meridionales, sus fiordos, las fértiles planicies, los hermosos lagos y magníficas cascadas no se pueden comparar con nada que exista en cualquier otra parte. Lo mismo que en Australia, se ven miles de ovejas por todas partes. El señor Silcock, líder de la Ciencia Divina, es un destacado hombre de negocios y jefe de una gran empresa de muebles que fabrica y suministra a la mayoría de los despachos ejecutivos que hay en Nueva Zelanda. Me contó cómo encontró su hermoso hogar junto al lago. Leyó el Salmo 23, diciéndose a sí mismo: «Nuestro hogar se halla rodeado de verdes pastos y aguas serenas».

Aquí se observa una hermosa y serena extensión de agua, un paisaje maravillosamente verde y miles de ovejas pastando. Es, realmente, una escena que parece extraída directamente del Salmo 23. El señor y la señora Silcock fueron guiados divinamente hasta este lugar tan encantador, lo que demuestra que la sabiduría de los Salmos se puede utilizar para múltiples propósitos. La Biblia contiene la sabiduría congelada de los tiempos; mediante la meditación y la oración se puede obtener de ella mucha sabiduría. El señor Silcock da conferencias y dedica mucho tiempo a escribir y meditar.

Uno de sus alumnos me llevó a ver la región termal de Nueva Zelanda y los pueblos maoríes. La región termal es fascinante. La gente vive directamente en la zona de donde brotan géiseres y humo y no tiene el menor miedo a los terremotos, a pesar de que la zona se ha visto afectada previamente por ellos. El visitante recibe una lección sobre los poderes de la mente subconsciente al visitar las cuevas Waitomo, un espectacular paisaje subterráneo de cuento de hadas, de increíble belleza. La llamada «gruta de los gusanos luminosos» es una de las vistas más hermosas de Nueva Zelanda; la embarcación en la que se hace el recorrido parece guiada por millones de diminutas luces que iluminan la oscura cueva. El guía ofrece una explicación muy técnica acerca del por qué los gusanos brillan como estrellas, pero, como dijo el pensador científico que me acompañaba: «¿Por qué no decir que "funciona una sabiduría subjetiva a través de los gusanos luminosos que atraen con su luz a los pequeños insectos de los que viven"?» Estos gusanos luminosos también segregan una sustancia pegajosa y fibrosa, que parece como largos hilos, capaz de atrapar a los insectos atraídos por la luz. Así es como se alimentan los gusanos luminosos.

Vemos, una vez más, que hay una sabiduría más allá de la comprensión del hombre. En una de las cuevas, el guía cuenta que esa cueva en concreto se conoce como la Catedral y, ciertamente, lo parece. A lo largo de un período de miles de años, el agua, filtrándose a través del suelo, actuando sobre los depósitos calcáreos y de otro tipo, ha configurado formas exquisitamente hermosas que parecen estatuas, ángeles, iglesias y otros edificios de mármol, mostrando una vez más la belleza, el orden, la sabiduría, la simetría y las proporciones inherentes en las diversas interacciones químicas de las sustancias que forman estas cuevas de cuento de hadas.

Un adivino japonés

Mientras daba una conferencia en Osaka, Japón, me visitó un destacado comerciante. Me pareció lleno de temor porque, según me dijo en un inglés perfecto: «El adivino me dijo que en el término de tres meses experimentaría un gran fracaso empresarial». De ese modo se vio atraído y alejado de su objetivo anunciado: el éxito, la prosperidad para sí mismo, sus empleados y su organización. «Cada uno es tentado, cuando de su propia concupiscencia es atraído y seducido» (Santiago 1, 14). En lugar de mantenerse fiel a su idea del éxito, ahora pensaba en el fracaso y llenaba su mente con pensamientos de bancarrota, de cerrar la tienda y de números rojos en su cuenta bancaria. Se dará cuenta fácilmente de cómo funcionaba esa mórbida imaginación. En realidad, estaba revisando una película mental de su propia creación. Una película tras la que no había realidad alguna. «Lo cierto es que el negocio va muy bien», me confesó. Pero luego añadió: «Pero no puede durar y no durará mucho». Le expliqué que el éxito y el fracaso eran, simplemente, dos ideas en la mente. Si meditaba sobre el fracaso, atraería naturalmente el fracaso. Si se imaginaba a sí mismo con éxito y empezaba a sentir que había nacido para alcanzarlo, naturalmente que lo alcanzaría.

Unirse mentalmente con la idea del éxito y saber que se está invocando un poder subjetivo que responde a su pensamiento habitual es crear el éxito.

Empezó a comprender que lo que temía no existía más que en su propia imaginación. Además, empezó a darse cuenta de cómo se había visto seducido, atraído y alejado mentalmente debido a una falsa sugerencia hipnótica que le había hecho volverse apesadumbrado, quisquilloso y sentirse rechazado. Pasé una hora con él, en su hogar. Antes de marcharme él se dio cuenta de que el éxito estaba en su mente y de que era él quien moldeaba, formaba y configuraba su propio destino, gracias a sus pensamientos y sentimientos.

Se ve con facilidad cómo se sintió tentado o cómo se le indujo a alejarse de su objetivo, debido a una sugerencia de fracaso transmitida por otro. El adivino no tenía poder alguno y no podía haber ejercido influencia alguna sobre el comerciante, más que con el expreso consentimiento mental de éste, que tenía que aceptar previamente la sugerencia de temor. Podía haber rechazado por completo la sugerencia de escasez, identificándose en cambio con la idea de éxito. De ese modo, la falsa sugerencia no habría tenido efecto alguno sobre él.

«Y los enemigos del hombre serán los de su casa» (Mateo 10, 36). Su «casa» es su estado mental. La victoria sobre el enemigo (el pensamiento negativo) es imaginar y sentir ahora lo que desea ser. Permanezca fiel a su objetivo y, según su fe (actitud mental), así se le hará. Al rezar, debe negarse a dejarse seducir o tentar por pensamientos de temor, escasez y tentación. No preste ninguna atención mental a la duda, la ansiedad o la preocupación y, si lo hace, estará dejándose tentar, es decir, habrá permitido que su mente se desvíe y se una con la negatividad, de modo que no logrará recibir así una respuesta a su oración.

Una inglesa en Calcuta

A una inglesa en Calcuta que me pidió que me refiriese a su caso en mis escritos sin identificarla de ningún modo, claro está, le dije cómo manejar un difícil problema doméstico. La gente le había dicho que su esposo «mantenía» a una mujer india, a la que veía con frecuencia. Dijo que llevaban casados desde hacía 39 años y que tenían una familia bien establecida. La mujer estaba profundamente resentida y odiaba a la otra como al veneno.

Había permitido sentirse tentada o alejarse del amor, la paz y la buena voluntad de Dios. Había olvidado el espíritu del perdón en su afán por vengarse y desquitarse. Estaba enferma. Se había dejado conducir a un callejón sin salida, no por Dios o cualquier supuesto diablo, pues los únicos diablos que hay en el mundo son los pensamientos negativos del resentimiento, el odio y la mala voluntad. Poseía, dentro de sí misma, el poder para rechazar por completo aquellos pensamientos que, ciertamente, no eran adecuados para el consumo mental. Tenía el poder para ordenar sus pensamientos, del mismo modo que se dan órdenes a los empleados para que atiendan una determinada cuestión del trabajo o la rutina.

Le expliqué cómo el capitán del avión que me había llevado desde Hong Kong me mostró cómo mantenían el avión en su ruta. Me mostró los haces de luz y cómo funcionaban; luego me indicó cómo el avión se había desviado unos 22 km de su curso debido al mal tiempo, pero en cuestión de pocos minutos regresó a la ruta establecida y mantuvo el aparato volando como el avión de Dios, a través de los cielos, guiado por su luz. La mujer comprendió entonces que se había desviado de su ruta y la gloria y la maravilla de ese pensamiento le permitió comprenderlo todo y regresar instantáneamente a su ruta. «Pero una cosa hago: olvidando ciertamente lo que queda atrás, y extendiéndome a lo que está delante, prosigo hacia la meta, hacia el premio» (Filipenses 3, 13-14). La mujer estaba a la deriva y se había desviado de la gloria, la luz, y el amor de Dios. Le dije que tenía que desear sinceramente el perdonar y regresar al curso.

Tiene que haber una sincera hambre y sed de hacer lo correcto; entonces, ya hemos superado más del 51 % de los obstáculos y nos encontramos camino hacia la paz mental. El salmista nos habla de ese verdadero deseo de transformación interior cuando dice: «Como el ciervo brama por las corrientes de las aguas, así clama por ti, oh Dios, el alma mía» (Salmos 42, 1).

Llegó entonces al momento crucial. Tomó una decisión y planificó el curso espiritual de su acción. La solución fue sencilla. La oración fue la respuesta y rezar significa aceptar el don de Dios, que ya nos ha sido concedido. «Toda buena dádiva y todo don perfecto desciende de lo alto, del Padre de las luces, en el cual no hay mudanza, ni sombra de variación» (Santiago 1, 17). «Por esto, mis amados hermanos, que todo hombre sea pronto para oír, tardo para hablar, tardo para airarse» (Santiago 1, 19). Hay que ser rápidos para escuchar la buena nueva, pero no entretenerse nunca en pensamientos negativos o en el estado de ánimo de la cólera. Conéctese consigo mismo y galvanícese con el sentimiento de lo que anhela ser.

Cómo se curó

Así fue como la mujer sanó la situación: siguiendo mis instrucciones, decidió bendecir a su marido. Cuando se bendice a alguien se identifica a esa persona con las cualidades y atributos de Dios y se permanece fiel a Dios en la persona en cuestión. Cada persona con la que uno se encuentra en la vida es una encarnación de Dios. Lo único que hay que hacer es darse cuenta de que aquello que es cierto de Dios, también lo es del otro. Esta mujer rezó y bendijo realmente a su esposo, afirmando con frecuencia, con todo el sentimiento y el amor a su alcance: «Mi esposo es hombre de Dios. Lo que es cierto de Dios, lo es de él. Mi esposo expresa el amor, la armonía y la paz mental de Dios. Está guiado divinamente e iluminado por la luz. Sólo hay un amor divino, una paz y una armonía divinas entre nosotros. Saludo la divinidad que hay en él.» Cada vez que acudían a su mente pensamientos de temor, preocupación o resentimiento, se volvía de inmediato a la verdad espiritual que había en él, afirmando en silencio: «Es un hombre de Dios y Dios se expresa a través de él» y haciendo otras afirmaciones similares.

Lo importante era que lo dijese de verdad. Se mantuvo en el curso de la gloria de Dios. Sabía que aquel que persevera hasta el fin encontrará la respuesta. Se mostró entregada, leal y fiel al objetivo propuesto, que era alcanzar armonía y amor allí donde previamente habían reinado la discordancia y la confusión. El amor es una vinculación emocional, así que se vinculó mental y emocionalmente con las verdades de Dios.

Le dije que a medida que prestara su atención a la verdad de Dios sobre su esposo, y que perseverase, crearía en último término un estado de conciencia que se precipitaría por sí mismo como experiencia en su vida. Tarde o temprano calificaría a su conciencia y alcanzaría un clímax de autorrealización; entonces, encontraría la respuesta. No debía permitir ni una sola vez que su mente vagara y se desviara hacia falsos dioses. Si lo hacía así se privaría a sí misma de fortaleza y fe, lo que anularía su oración.

La entrega a Dios con toda el alma es algo esencial. No debe permitir que nada extraño, como el temor, la duda o la preocupación y otros conceptos negativos, penetren a hurtadillas en su mentalidad. Hacerlo así supone dejarse seducir, tentar y alejarse de su verdadero ideal y objetivo en la vida. Tiene que ser leal al ideal u objetivo que haya elegido.

Esta mujer fue leal a Dios y a la verdad. No vaciló en ningún momento. Se mantuvo fiel durante todo el día. Rezó sin cesar, lo que significa que mantuvo una actitud mental adecuada, a pesar de las apariencias, los episodios desagradables y el tratamiento abusivo. Sabía que la verdad terminaría por ganar y eso fue lo que sucedió. A la tercera noche, su esposo llegó a casa y le dijo: «Aquí está el brazalete de diamantes que le iba a regalar a la otra mujer. Tú eres a la que amo.» Le pidió perdón y admitió que había sido un estúpido, añadiendo: «No hay peor estúpido que un estúpido viejo».

Marcado para la muerte

Hong Kong, que significa «Puerto fragante», tan chino y, sin embargo, tan británico, es un territorio de encantadores contrastes. En algunas partes de la ciudad todavía persisten los estilos de vida mantenidos durante miles de años, demostrando el poder de los conceptos tradicionales y del ambiente mental. Los niños crecen a imagen y semejanza de este ambiente dominante del hogar. En su conjunto, Hong Kong es una gran ciudad moderna de fabulosa y espectacular belleza. Se observan colinas de un verde esmeralda y bahías de un azul zafiro. Aquí atracan barcos procedentes de todas las partes del mundo. En el vestíbulo del Hotel Península, se ven gentes llegadas de todas partes del mundo, pero ahora quiero hablarles de un chino al que conocí.

Le llevé un material y observé que se sentía intensamente preocupado, ya que me devolvió el cambio equivocado en dos ocasiones, y también me dio una mercancía errónea. Así que le pregunté si tenía algún problema. «¿Es usted un ministro?», me preguntó.

«Sí», le contesté.

«Lo supe en cuanto cruzó por esa puerta», replicó. Su problema era que temía que lo mataran porque, según dijo: «No quiero participar en ese plan tan inicuo». Tenía una Biblia a mano, en inglés, idioma que hablaba muy bien. La abrí por Juan 6, 44: «Ninguno puede venir a mí, si el Padre que me envió no le trajere». Le expliqué el significado de ese pasaje, que es tan sencillo como afirmar que en la vida de una persona no puede producirse ninguna manifestación o experiencia, excepto aquellas que atrae la propia actitud mental.

Le escribí entonces una oración que decía más o menos lo siguiente: «Sólo hay una presencia y un poder. Honro esa presencia en mi corazón. No hay ninguna otra. Ahora sé que no hay nadie en todo el mundo que pueda causarme daño alguno sin mi permiso. Me niego a consentir mentalmente o a permitir que nadie me haga daño. No doy poder alguno a las condiciones externas ni a ninguna persona. Irradio el amor, la paz y la armonía de Dios a todos estos hombres (mencionó sus nombres). Dios está con ellos y actúa a través de ellos. Me encuentro rodeado por el amor de Dios, que es la armadura invencible de Dios. Es maravilloso. Dios está conmigo y todo está bien.» Le di instrucciones para que rezara de este modo durante 15 minutos tres veces al día. Al hacerlo, esas verdades irían penetrando en su mente subconsciente y encontraría la paz.

Posteriormente, recibí una carta maravillosa de este hombre en la que me decía que nunca se había sentido mejor en toda su vida y que todo temor había desaparecido de él. La carta contenía una nota final en la que decía: «He visto en el periódico que todos ellos se han ahogado en el mar esta mañana». La oración le había permitido librarse del mal, las imágenes negativas y los pensamientos de temor.

El camino real

«Por el camino real iremos, sin apartarnos a diestra ni a siniestra» (Números 20, 17).

Mi camino es el de Dios y todos sus caminos son agradables y están llenos de paz. Viajo bajo la guía de Dios, conducido por el Espíritu Santo. Mi camino es el camino real de los antiguos, el camino del centro de Buda, la puerta recta y estrecha de Jesús. Mi camino es el real, pues soy el rey que domina todos mis pensamientos, sentimientos y emociones.

Envío a mis mensajeros por delante, convocando ante mí el amor, la paz, la luz y la belleza de Dios para que mi trayectoria sea recta, hermosa, alegre y feliz. Siempre viajo por el camino real, encontrándome con los mensajeros de paz y alegría de Dios vaya adonde vaya. Subo por el camino de la montaña, sabiendo que si mantengo los ojos puestos en Dios, ningún mal se cruzará en mi camino.

Mientras conduzco un coche, voy en un tren, autobús, avión o a pie, siempre me encuentro rodeado por el amor de Dios. Es la armadura invisible de Dios y voy libre, gozosa y amorosamente de un punto a otro. El Espíritu del Señor, mi Dios, está conmigo, convirtiendo todos los caminos en una autopista de paz, belleza, armonía y orden divino. ¡Es algo maravilloso!

Inspírese a sí mismo

1. Cada vez que viaje debe ser consciente de que el amor divino va por delante de usted, lo que permite que su camino sea recto, hermoso y alegre.

2. La rigidez de cuello puede deberse a la mala voluntad o a un resentimiento profundamente arraigado. Perdónese a sí mismo y perdone al otro vertiendo el amor de Dios desde su propio corazón hacia el otro, hasta que no quede resquemor alguno.

3. Siempre hay una solución para cada problema. Pida la ayuda de la inteligencia infinita y recibirá la respuesta.

4. Cuando el ser humano dice que no hay ninguna salida, Dios dice que sí la hay y que siempre se encuentra una respuesta.

5. Se pierden verdaderas fortunas porque los hombres no saben rezar en petición de guía divina y de la acción correcta.

6. Nadie tiene poder alguno sobre usted, a menos que usted mismo le dé ese poder. El poder está en sus propios pensamientos y en ningún otro lugar.

7. Considere a Dios como un Padre amoroso y llevará una vida encantada.

8. Imagínese todas las cosas que haría si fuera completo y perfecto y su mente subconsciente responderá en consecuencia.

9. Las formas que tiene Dios de hacer las cosas van más allá. Imagine el final y su mente subconsciente hará que suceda de formas que usted ni se imagina.

10. Es usted un rey en el sentido de que está completamente a cargo de sus pensamientos, sentimientos y reacciones.

11. Al viajar en la conciencia del amor de Dios, tendrá maravillosas experiencias a lo largo de su viaje.

12. Las convicciones y suposiciones subconscientes del hombre son las que dictan, controlan y gobiernan sus acciones conscientes.

13. Hay una inteligencia infinita que actúa continuamente, vigilando al ser humano y su creación.

14. Si quiere prosperar y tener éxito, ésta es la mejor oración que puede rezar: «Dios, muéstrame el camino para dar un mayor servicio a la humanidad».

15. Es necesario entrar en el espíritu del perdón y la buena voluntad para conseguir una curación real y duradera.

16. En relación con el perdón, la prueba del ácido tiene lugar cuando solamente queda un recuerdo y ningún resquemor.

17. Al volver la mente hacia Dios y su amor, siempre estará protegido.
18. El éxito y el fracaso son dos ideas de la mente. Imagínese a sí mismo con éxito y sienta su realidad, y alcanzará un gran éxito.
19. Rezar significa aceptar el don de Dios. Galvanícese hacia el sentimiento de ser lo que anhela ser.
20. Los enemigos (el temor, la duda, el odio) pertenecen a su propio hogar (la mente).
21. Entronice el amor de Dios y la fe en Dios, y desaparecerá todo temor. Cuando el temor llame a la puerta de su mente, deje que la fe en Dios abra la puerta... para comprobar que no hay nadie allí.

Índice

MILAGROS DE TU MENTE
Joseph Murphy

Aprovecha todo tu potencial gracias al poder de la mente subconsciente. En este fascinante libro, el doctor Joseph Murphy profundiza en su teoría sobre el poder de nuestro subconsciente para mejorar la calidad de vida. Este increíble poder puede favorecer la salud, crear bienestar, ayudar a vencer el alcoholismo y la adicción a las drogas, mejorar las relaciones interpersonales y guiar en las decisiones difíciles.

Milagros de tu mente describe los pasos específicos para alimentar la mente consciente con las herramientas y las actitudes más adecuadas para despertar la energía infinita de la mente subconsciente.

Si quieres tener más éxito, lograr la armonía familiar u obtener objetivos que creías inalcanzables, este libro te ofrecerá las indicaciones que necesitas para encontrar tu propio camino.

CÓMO ATRAER EL DINERO
Joseph Murphy

No hay virtud en la pobreza. Usted está en el mundo para encontrar su verdadero lugar en él, para crecer y desarrollarse –espiritual, mental y materialmente– de acuerdo con el potencial que le ha otorgado el Creador. Usted nació para ser rico, y tiene todo el derecho a conseguirlo. Dios lo trajo a la Tierra para que disfrutara de una vida de abundancia, plenitud y libertad. Para ser feliz. Y el camino más corto para alcanzar esta meta consiste en utilizar fructuosamente las facultades con que Dios le ha obsequiado y entrar en sintonía con el Infinito: su trabajo será más productivo y le aportará todo tipo de riquezas materiales. Aprenda a rodearse de belleza y lujo, y a disfrutar para siempre de libertad plena y de paz mental. *Cómo atraer el dinero* es uno de los títulos más populares del doctor Joseph Murphy. En sus páginas encontrará multitud de consejos realistas que le ayudarán a atraer el dinero. Después de su lectura ya no tendrá miedo a la pobreza.

CREE EN TI MISMO
Joseph Murphy

¿Tienes sueños que deseas realizar y deseos que quieres cumplir?

Todos los grandes éxitos empiezan con un sueño, un deseo por alcanzar, una idea en la mente. En este libro, el doctor Joseph Murphy nos enseña cómo realizar todos nuestros sueños a partir del desarrollo de una correcta actitud mental, es decir, la certeza de que cada uno de nosotros tiene dentro de sí mismo todo el potencial para alcanzar sus objetivos.

La fe en nosotros mismos nos proporcionará las herramientas necesarias para programar nuestra mente subconsciente con el fin de convertir nuestros sueños, esperanzas y deseos en éxitos. Dios nos ha dotado de varios talentos, por lo tanto sólo hace falta desarrollarlos para que estimulen nuestra mente consciente, que es el motor que alimenta la mente subconsciente, la energía que llevará a cabo la labor.

En estas páginas, el lector descubrirá cómo poetas, artistas, inventores y empresarios de todos los tiempos han logrado plasmar sus ideas y alcanzar sus metas, y aprenderá a utilizar las técnicas que le ayudarán a enriquecer su vida.

TÉCNICAS TERAPÉUTICAS DE LA ORACIÓN
Joseph Murphy

Nos demos cuenta o no, a nuestro alrededor se producen a diario pequeños y grandes milagros: algunas personas sobreviven a desastres, otras se recuperan de enfermedades que parecían incurables o logran sus objetivos más deseados, todo ello gracias a la fuerza de la oración.

En este libro, el doctor Murphy nos enseña unas técnicas de oración cuya eficacia está comprobada, pues han ayudado a miles de personas en todo el mundo a resolver sus problemas. A través de ejemplos sacados de la vida real, podemos ver cómo a menudo la oración ha sido fundamental en la reconstrucción de matrimonios rotos, en la superación de las adversidades, en el enfrentamiento con la tristeza y el dolor y en la solución de toda clase de dificultades, ya sean grandes o pequeñas.

No importa qué religión o fe profesemos: esta obra nos ayudará a canalizar nuestras oraciones para que la mente subconsciente se abra a la sabiduría que dirige la vida.

MEDITACIONES PARA
LA SALUD, LA RIQUEZA
Y EL AMOR
Joseph Murphy

En este libro, el doctor Murphy nos enseña a meditar para que nuestra mente subconsciente se abra a la abundancia de la vida, a la salud y al amor.

No importa qué religión o fe profesemos. Esta obra va dirigida a la esencia del hombre, y en ella se nos enseña a solucionar nuestros conflictos y a aceptar los acontecimientos diarios como un reto. El doctor Murphy ha ayudado a miles de personas en todo el mundo a resolver sus problemas y a conseguir sus objetivos más deseados. La gran eficacia de las meditaciones propuestas reside en su profunda sencillez, en su clara distinción entre «Ser», «Hacer» y «Tener», en su pausado control de las emociones y en su gran apuesta por el amor liberador.

Gracias a las palabras del doctor Murphy, el lector experimentará un auténtico renacimiento espiritual, tan necesario en esta época de crisis de valores en que vivimos.